北の名門・北海が掲げる
勝負至上主義

平川 敦

竹書房

はじめに

私が野球部監督を務めている北海高校の歴史は古く、その起源は1885年（明治18年）に創立された北海英語学校まで遡る。

創部以来120年以上の歴史を誇る本校野球部は、夏の甲子園の出場回数において全国最多の40回を記録。長く北海道の高校野球界を牽引してきた。

また、春のセンバツにも北海道最多となる14回の出場を記録している（直近は2024年のセンバツ。後で詳しく述べるが、1回戦で大阪桐蔭に敗退）。センバツでの最高成績は1963年の第35回選抜高等学校野球大会での準優勝、夏の甲子園の最高成績は2016年の準優勝と、ともにあと一歩のところで優勝を逃しており、いまは「日本一」を目指して選手たちと日々厳しい練習を積んでいる。

明治時代から続く本校野球部は、その長い歴史の中で多くのプロ野球選手を輩出してきた。2009年に殿堂入りを果たした若松勉さん（元・ヤクルトスワローズ監督）

や佐藤兼伊知さん（元・千葉ロッテマリーンズ）のほか、いままでに計25名のプロ野球選手を輩出している。現役のプロ野球選手としては、鍵谷陽平（北海道日本ハムファイターズ）や佐藤龍世（埼玉西武ライオンズ）、さらには２０２３年に中日ドラゴンズからドラフト３位で指名を受けた辻本倫太郎もがんばっている（現役メンバーはみな私の教え子でもあるので、本書で詳しくご紹介したい）。

道内一の伝統を持つ、北海野球部の監督に私が就任したのは１９９７年秋、27歳のときのことだ。選手としても指導者としても何の実績もない私が、道内一の伝統校の監督になったのだから、就任当初のプレッシャーは相当なものだった。しかし、私の前任であり恩師でもある大西昌美監督（昭和40～50年代にかけて一時低迷していた北海野球部を立て直し、甲子園常連校として復活させた）の野球を継承、発展させていくべく、私は試行錯誤を繰り返しながらグラウンドで指導を続けた。

すると、運よく就任２年目の１９９９年に、私たちは夏の甲子園に出場を果たすことができた。日々、粉骨砕身、懸命に指導を続けてきた私だったが、このとき心のどこかに「そうか、大西監督の野球をそのままやっていけば、甲子園に出られるんだ」という安直な考え方があったのかもしれない。その後、私たちが再び甲子園の土を踏むまで9年もの歳月を要することになってしまった（この9年の間に、香田誉士史監督率いる駒大苫小牧が黄金期を築く）。

この9年間は、私にとってはとても苦しく辛いものだったが、この9年間があったからこそ、そして王者・駒大苫小牧の存在があったからこそ、私はいまもこうして北海の監督を続けていられるのだと思う。

本書では、私が北海で27年間どのような指導を選手たちに行い、チーム作りをしてきたのかを明らかにしていきたい。「勝利至上主義」ではなく「勝負至上主義」による指導、2016年夏の甲子園準優勝の軌跡、その後の2018～2019年にU－18侍ジャパンのコーチをした際の思い出、さらには新基準のバットとなった今後の高校野球がどうなっていくか、北海としてどう対応していくかなども記していくつもりである。

本書が全国の球児、指導者、高校野球に関わる方々の参考となったり、一助となったりするのであれば、著者としてこれほどうれしいことはない。

目次

第2章

野球との出会いから北海の監督になるまで

U-18侍ジャパンのコーチで学んだこと

第3章
不易流行によるチーム作り
臨機応変と「勝負至上主義」が根幹にある私の指導論

第4章 北海の野球と練習法
私たちは長い冬をいかに過ごし、心身を鍛えているのか

第5章　悲願の日本一を目指して
これからの北海、これからの高校野球

第1章

北海道の高校野球と北海の歩み

なぜ私たちは、夏に強いのか?

北海の歴史

「はじめに」でも述べた通り、我が北海の歴史は1885年に創立された北海英語学校が始まりである。建学以来の基本精神は「質実剛健」と「百折不撓」。教育方針にも「明朗・快活で己を飾らず、誠意をもって物事に当たり、どんな困難に出あってもくじけない強い意志で自分を鍛え、社会に貢献する有為な人材を育成する」と記されている。

その後、1901年（明治34年）に3年制の「北海英語学校中学部」が開設され、その4年後には当時の文部省から中学校開設の許可を得て「私立北海中学校」と改称した。現在の北海の前身である北海中は、戦前の北海道で唯一の私立中学として産声を上げた。

先述した北海英語学校開校当時の校舎は札幌市中央区にあったが、1909年（明治42年）に現在の豊平区に移転。敷地内の北端に位置する野球部のグラウンドは、当時もいまも場所は同じである。

戦後の1948年（昭和23年）には、学制改革によって北海中学校の名称は北海高校へと変わった。現在は「学校法人北海学園」となり、大学を含めた総合的な学校へと成長している。

開校以来ずっと男子校だった北海は、1999年に男女共学へと移行した。2024年5月現在の生徒数は、約1200名。ちなみに2025年に、本校は創立140周年を迎える。

本校野球部は、先述した中学部が開設された1901年に創部された。この当時、北海道では全国大会に出場するための大会は開かれておらず、道内の学校は東北大会に出場していた（道内の学校がこの頃の東北大会で優勝したことはない）。そんな状況下、1920年（大正9年）に初の北海道大会が北大球場で開催され、本校の前身である北海中が記念すべき初代王者の栄冠を手にした。当時、全国大会は兵庫県武庫郡鳴尾村（現・西宮市）にあった鳴尾球場で行われていた。甲子園で開催されるようになったのは、甲子園球場が完成した1924年（大正13年）からである。

以降、本校は春のセンバツ14回、夏の選手権40回の出場を果たしており、この数字は道内最多を誇る。夏の選手権出場回数「40」は道内最多であり、さらには並み居る強豪を抑えて全国最多の数字でもある。

南北海道の高校野球の変遷

前項で述べた夏の北海道大会は、1958年（昭和33年）の第40回大会まで続いた。第40回大会の参加校は140校。みなさんご存じのように、北海道の面積はとても広く、道北や道東、道南の学校が当時の試合会場だった札幌（中島球場・円山球場）に移動するための負担は相当なものだった。そこで、1959年の第41回大会から北海道大会は南北に分割されることになった。

分割後初となる第41回大会では、北海が参加する南北海道大会に69校が出場。北海は決勝まで進むも苫小牧東に1－2で惜敗し、残念ながら南北海道勢としての甲子園初出場はならなかった。ちなみに同年の北北海道大会には77校が出場し、帯広三条が甲子園出場を決めている。

その後、南北海道大会、北北海道大会ともに出場校数は1990年代前半にピークを迎え、南北合わせて293チームが参加した年（1992年）もあった。現在は少子化に加え、野球競技人口の減少などもあり、2023年夏の出場校数は南が100、北が73の合計173チームとなっている。

南北北海道に分かれてからしばらくの間、南北海道代表は札幌勢と函館勢によって争われることが多かった。

南北海道の牽引役としてがんばっていた本校が、もっとも輝きを増したのは1950〜1960年代である。しかし、1971年の不祥事で、決まっていたセンバツ出場を辞退。その後、本校は長く低迷の時代を迎え、次の甲子園に辿り着くまでに11年もの歳月を要することになってしまった。

1970年代以降、南北海道は札幌商、東海大四（現・東海大札幌）、函館大有斗、駒大岩見沢などの私学によって覇権が争われていた。そして、私たち北海がセンバツ出場を果たしたのは1982年（11年ぶり）、夏の甲子園を決めたのはその2年後の

1984年（13年ぶり）のことである。

私が現役だった頃は、2年春（1988年）のセンバツと3年夏（1989年）の甲子園に出場。2年生のときはアルプススタンドからの応援組だったが、3年夏は背番号13の控えピッチャーとして、ベンチ入りすることができた。

当時の南北海道は函館地区なら函館大有斗、札幌地区なら私学は札幌第一、東海大札幌、駒大岩見沢、公立では苫小牧工、室蘭大谷などが強豪として知られており、私たち北海はかつてのような抜きん出た存在ではなかった。

2000年代に入ると、南北海道に駒大苫小牧の時代がやってくる。その後、2008年以降は北海、北照、札幌第一、東海大札幌、札幌大谷が夏の甲子園出場を果たしている（そのうち複数回出場しているのは、北海7回、北照4回、札幌第一3回の3校）。

現在は札幌地区でいえば、東海大札幌、札幌日大、札幌大谷、そして本校が上位進出常連の私学である。どのチームにも優秀な選手が多く、そのときのチーム状態、柱となる選手の調子ひとつで状況が変わってくる。さらに、2023年夏の札幌支部予選の出場チーム数は56あり、ほかの府県の参加チーム数とさほど変わらない。だから支部予選とはいえ、一発勝負のトーナメントなだけに、南北海道大会に進むための枠（札幌支部は8〜9チーム）に入るだけでも大変なのだ。

南北海道大会は札幌支部のほか、小樽、函館、室蘭の4支部を勝ち上がってきたチームによって争われる。2023年夏のそれぞれの参加チーム数は小樽10、函館17、室蘭17と札幌の56に比べるとだいぶ少ない。この格差を解消するために、北海道高野連では地区割りをやめ、1・2回戦は近郊の地区同士で対戦を組みつつ、それ以降は地区分けをせず昔のように南北海道をひとつのエリアとして捉え、フリーでトーナメントを組んでいくという案も検討されているようだ。

北海はなぜ夏の道大会に強いのか？
——北海の野球、大西昌美監督の野球とは？

全国最多40回の夏の全国選手権大会出場を記録しているからか、高校野球ファンのみなさんからは「北海は夏に強い」と認識されているようで「なぜ夏に強いのか？」

という質問もよく受ける。事実、先ほども述べたが、本校の全国大会出場は夏40回に対して春は14回と大きく隔たりがある。

私なりにその理由を考えたのだが、出た結論としては「北海は夏に強い」のではなく「夏にピークを迎えるようなチーム作りをしているから、秋よりも夏に強い」ということだ。

大西監督の時代から、うちの野球部は基本的に監督と部長のふたりだけで指導、運営を行ってきた。だから、ほかの強豪校のように「ABC」などに分けて練習をすることができず、3年生をメインに大会に備えてやっていくしか方法はなかった。1・2年生の下級生たちは、3年生をサポートしながら基本を身につけていく。そんな事情もあって、新チームが稼働し始めたばかりの秋にチーム力を上げ、トーナメントで勝ち上がっていくのはなかなか難しいのである。

新チームの1・2年生を秋から冬の練習でみっちり鍛え、新学年となった春以降に実戦を重ねながら力をつけさせ、夏に結果を出す。これが北海の伝統だといえよう。

1997年秋に私が監督に就任した当時は、私と部長のふたりで部を運営していた。以降、2006年にコーチがひとり増え、その後さらにひとり増えて、いまは4人のスタッフで指導を行っている（スタッフに関しては第4章で詳述）。

秋の大会に勝つための方法はいろいろあると思うし、やろうと思えばできたかもしれない。しかし、私は「最終学年で選手にいい思いをさせてあげたい。夏に勝ちたい」という思いが非常に強い。

私がいま北海でやっている野球は、大西監督から引き継いだ野球がベースである。その大西野球に、時代や世代に合わせて思案、模索したやり方を加えている。だから、ひと口に「北海野球」といっても、そのスタイル、内容はその年ごとに大きく異なる。

私の恩師である大西監督は、東京の日本学園から日体大に進み、卒業後は日本学園の監督として、母校を西東京で上位に進出する強豪へと育て上げた。当時低迷期にあった本校野球部の再建を託すべく、学校側は東京で活躍していた大西監督に白羽の矢を立てた。北海の申し出を受けて、大西監督が本校にやってきたのは１９８５年のことだった。

大西監督は、それまでの北海道にはなかった緻密な野球で、本校を常勝軍団へと立て直していった。当時の北海道の高校野球は、ひと言でいえば大雑把。体の大きなパワーのある選手たちが投げ合い、打ち合うという単純な野球である。勝ち上がっていくのは、剛速球を投げるエースがいて、打ち勝つ野球のできるチーム。いまでは当たり前となったバントシフトや、ピックオフプレーなどの細かい戦術はあまり見られず、すべてのカバーリングをしっかり行っている学校も少なかった。

大西監督就任当初の本校には、剛速球を投げる投手も、ホームランをガンガン打つ強打者もいない。個々の能力を比べれば、強豪校とは大きな差があった。そこで、大西監督はその差を埋めるべく、戦術を駆使して戦う野球を選んだ。個々の能力に頼らず、組織力、チーム力で強豪校に対抗したのである。そして大西監督のこの緻密な野球が、当時の北海道の野球に見事にはまった。北海はかつての野球とは異なるスタイルで、全道大会上位進出を果たすようになっていく。

大西監督の野球は、東京で培われた「守りの野球」である。投手、野手で守り切り、少ないチャンスをものにして最少得点で勝利する。だから私が現役だったときも、徹底的に守備を鍛えられた。

第2章で詳しく述べるが、私は大学時代に硬式野球部には入部せず、大西監督の下でコーチをしていた。大学卒業後も1年間コーチを続けたので、私は大西監督と都合8年、野球を一緒にさせていただいた。この8年間で、私が大西監督から学んだことは計り知れない。

私の野球は、大西監督の野球がベースとなっている。大学で野球をしたわけでもないので、ほかの指導者の色が私にはついていない。いまは大西監督の野球を継承しつつ、時代や選手たちに合わせ、自分なりの色を加えてチーム作りを行っている。その「自分なりのチーム作り」を本書でお話ししていきたい。

監督就任2年目に甲子園へ
――しかしその後9年間、甲子園から遠ざかる

監督就任2年目の1999年に、私たちは夏の甲子園（第81回全国高等学校野球選手権大会）出場を果たした。

就任時に2年生だった選手たちとともにつかんだ栄冠だが、私としては大西監督の作り上げたチームをそのまま引き継いでやっていただけである。大西監督から教わったことを当たり障りなく、強弱をつけるわけでもなく、そのままやったらいい結果に

つながった。優勝できたのは素直にうれしかったが、自らの手で栄冠を勝ち取ったという実感はまったくなかった。

監督就任後、2年以内で甲子園に行けたのでプレッシャーから開放され、ほっとした気持ちはあった。でもその安堵感によって「このやり方を続けていけばいいんだ」と甘く考えていた部分もあったのかもしれない。結局その後、私たちが再び甲子園に辿り着くのに、9年もの歳月を要することになる。

2001年夏、私たちは2年ぶりに甲子園へ行くチャンスをつかんだ。南北海道大会決勝の相手は、香田誉士史監督（現・駒澤大監督）率いる駒大苫小牧だった。私たちが勝てば2年ぶりの甲子園、駒大苫小牧が勝てば香田監督初の甲子園である。

実は、私と香田監督は同い年で監督に就任した時期も近く、普段から親交があった（香田監督は1996年に、私はその1年半後に監督となった）。監督になりたての頃は頻繁に連絡を取り合い、監督として先輩である香田監督からいろんなことを教えてもらった。香田監督の誘いで、社会人野球のクラブチーム「ヴィガしらおい」の監督だった我喜屋優さん（現・興南監督）を訪ねたこともある。

話を2001年に戻そう。この年、私たちは春季大会で優勝していた。北海が春に勝つことは珍しく、28年ぶりの優勝だった。しかし、北海道には「春勝つと夏に勝てない」というジンクスがある（もちろん春夏連覇をした学校もあるが、勝てなかった学校のほうが圧倒的に多い）。

１９８０年以降の春季大会と夏の選手権大会の優勝校を見ると、駒大苫小牧が圧倒的な強さを見せていた２０００年代前半に３度の春夏連覇を成し遂げているが、それ以外では、

１９８３年　駒大岩見沢

１９９３年　東海大札幌

２０１５・２０２３年　北海

の３校（計４回）のみである。

春季大会で優勝した後のインタビューで、私は新聞記者から「春に勝ったチームは夏に勝てないというジンクスがありますが、それを覆すことを期待しています」と言われた。それくらい、北海道では春夏連覇は難しいと認識されている。

そして迎えた夏の決勝、駒大苫小牧戦。私の心には「北海道のジンクスを覆してやる」という思いがあった。監督就任４年目となり、自分の作ったチームに手応えも感

じていた。実際、試合は序盤の4回まで2－1と私たちが優位に試合を進めていた。私は「やっていることは間違っていない。このままうちの野球をしていけば勝てるはずだ」と確信していた。

決して相手を甘く見ていたわけではないが、この確信がもしかしたら私の油断につながったのかもしれない。5回に駒大苫小牧に3点を取られて2－4と逆転を許し、終盤の7・8回にダメ押しとなる9点を取られて万事休す。私たちは3－13の大敗を喫することになってしまった。

試合後、胴上げされる香田監督を見ながら、悔しさが込み上げてきた。しかし、彼が駒大苫小牧の監督に就任してから、ここまでの苦労を私は知っていた。

「負けたのは悔しいけど、香田が甲子園に出場できるのだからよしとしよう」

そんな思いが、心の中にあったのも事実である。いま思えば、私のこういった甘い考え方が、その後も長く甲子園から遠ざかる原因であったように思う。

実はこの年の決勝で負けるまで、北海は香田監督率いる駒大苫小牧に負けたことはなかった。1999年、私が初めて甲子園に出場した際の南北海道大会の準決勝で対戦したときは、7－6で勝利した（その前年夏にも2回戦で対戦して勝利している）。

大西監督時代の北海も、香田監督と対戦して負けていない。そんなこともあり、香田監督から「いいところまで行くんだけど、いつも北海に負ける」と言われたこともあった。

悔しい敗戦を重ね、香田監督は相当の執念と覚悟を持って、2001年夏の決勝に臨んでいたに違いない。当時の私は、まだ香田監督ほどの執念と覚悟を持っていなかった。この後、駒大苫小牧は飛ぶ鳥を落とす勢いで大きく飛躍し、2004年夏に北海道勢初の全国制覇、翌2005年には夏の甲子園連覇を成し遂げる。一方、私たち北海は勝てない時代が続くことになる。

香田誉士史監督が作り上げた駒大苫小牧の野球とは?

前項で述べた通り、北海は1999年の出場から2008年まで甲子園から遠ざかる。しかも、夏の大会では南北海道大会に進む前の札幌支部予選で敗退することも多く、試合後に観客から罵声を浴びせられたことは一度や二度ではない（当時の高校野球は、観客席からの野次がいまとは比べ物にならないほどひどかった）。この9年間は、私の野球人生の中でももっとも苦しく、辛い時期だったといっていい。

私がいまこうして監督を続けていられるのは、あの苦しい9年間を乗り越えてきたからにほかならない。そしてそれは、私が勝手にライバルだと思っていた駒大苫小牧の香田監督の影響がとても大きい。いまではたびたび甲子園にも出させていただき、勝つこともできているが、その礎となっているのは当時の駒大苫小牧から学んだ香田野球である。

1996年に香田監督が駒大苫小牧の指揮官に就任した当時、駒大苫小牧と対戦した大西監督は、試合に勝った後「香田はいい野球をする。きっと将来、彼はすばらしい監督になる」と言っていたそうだ。

2001年夏の南北海道大会決勝で駒大苫小牧に負けてから、私の目標は「打倒・香田」になった。しかし、本大会に進む前の札幌支部予選で敗退することも多かったため、室蘭支部の駒大苫小牧と戦うことはなかった。直接対決が実現したのは、9年ぶりの甲子園出場が叶った2008年夏の大会の準々決勝である（9－0で勝利）。

しかし、この前年に香田監督は駒大苫小牧を退任しており、私の「打倒・香田」は未だ叶わぬままだ。

香田監督が就任した1996年当時の駒大苫小牧は、やんちゃな選手が多く、香田監督もチーム作りに相当苦労されたと聞く。ゼロの状態からチームを作り、選手たちに香田監督の野球を徹底的に仕込んで鍛えていった。

前項でお話ししたが、駒大苫小牧とは1998年と翌1999年に夏の大会で対決し、いずれもうちが勝利している。直に対戦して感じたのは、駒大苫小牧の選手たちの「気持ちの強さ」だ。気性は荒いが、そのぶん根性もある。この選手たちを香田監督が鍛え上げれば、駒大苫小牧はきっと実戦でとてつもない力を発揮するようになる。私は、そんな得体の知れない恐ろしさを感じた。

香田監督就任当時の駒大苫小牧は、夏の甲子園連覇を達成したときのように県外からも優秀な人材が多く集まっていたわけではない。地元である苫小牧、近隣の室蘭、日高方面の選手が多く、剛速球を投げるエースも、柵越えを連発するクリーンアップもいなかった。そうなると、強豪と渡り合うには守備を徹底的に固め、機動力を駆使して相手を撹乱していくしかない。香田監督のこの地道な取り組みが功を奏して、駒大苫小牧は徐々に力を発揮するようになり、それが2001年に結実するのだ。

勝てなかった時代、私は「打倒・香田」を成し遂げるために駒大苫小牧の試合のビデオを見まくった。ビデオを見ながら、香田監督の戦術、采配を学び、駒大苫小牧の強さの秘密と弱点を探った。

駒大苫小牧黄金期の象徴である田中将大投手（東北楽天ゴールデンイーグルス）とは、彼が2年生だった2005年春に練習試合で戦ったことがある。その頃の田中投手は、まだそこまでの威圧感はなかったが、ストレートが速くスライダーのキレも抜群だった。

夏の甲子園連覇を達成した同年秋、駒大苫小牧は明治神宮大会に出場するのだが、私は香田監督に頼み、同じ宿舎に泊まってチームに同行させてもらった。それもこれも「香田からひとつでも多くのことを学び、北海を強くしたい」という思いからだった。駒大苫小牧の日常、練習、試合を間近に見て、私は「監督だけでなく、選手も本気で〝日本一〟を狙いにいっている」ことに衝撃を受けると同時に、チームに関わる全員ががむしゃらに、そしてひたむきに練習に取り組んでいかないとチームは強くならないのだと悟った。

香田監督から直に教えてもらったこと、あるいは彼が試合で見せた戦い方、采配などから私が学んだことは数知れない。そして、のちに「ああ、これが香田の言っていたことなんだ」「こんなすごいことを、香田は30歳そこそこの若さでやっていたんだ」と気づくことが何度もあった。最近になって、やっとその多くが私の中でつながってきたところだ。

私のいまの理解、解釈の仕方が正解かどうか、本当かどうか、それは香田監督に聞いてみないとわからない。でも、いま私が行っている選択、起用、采配、指導を20年も前に香田監督はすでに実行していた。その事実が、いまもこの私を大いに刺激してくれるのである。

辞める覚悟で挑んだ夏、9年ぶりに甲子園出場へ
——甲子園では強打の東邦と壮絶な打ち合いに

私が本気で「監督を辞めよう」と思ったのは、27年間の監督業の中で2度ある。1

度目は、監督になったばかりの1年目（第2章で詳しくお話しする）。そして2度目は、鍵谷陽平らを擁して臨んだ2008年の夏の大会である。

2008年は鍵谷がいたこともあり、私は勝負をかけていた。1999年の出場以来、甲子園から遠ざかっていた私は「これで甲子園に行けなかったら、監督を辞めよう」と覚悟を決めていたのだ。

実は、この前年の秋季北海道大会にも、私は勝負をかけて臨んでいた。秋季大会で優勝して、センバツ出場権を得る。それが目標だったのだが、大会の1回戦で旭川大高に0－1で敗れてしまった。そういった経緯から、2008年の夏は私にとって「背水の陣」となったのである。

崖っぷちの手前の春季大会では、私たちは準決勝まで勝ち進んだ。準々決勝では駒大苫小牧と2001年夏以来の公式戦直接対決となり、私たちは11－0の5回コールド勝ちを収めた。香田監督が退いた後だったので、私にはそれほどの感慨はなかったが、選手も、チーム・学校関係者も、OBも、みんながこの勝利を喜んでくれた。

準決勝の相手は、優勝候補の東海大札幌（この代の正捕手は北海道日本ハムファイターズの伏見寅威）だった。私は、夏の大会も東海大札幌との勝負になると睨んでいた。だからエースの鍵谷を温存して、控えピッチャーを登坂させた。結果として準決勝は2－9で敗れたが、私に悔いはなかった。私にとっての勝負は、あくまでも夏だったからだ。

そして迎えた夏の大会。マークしていた東海大札幌は準決勝で札幌第一に敗れてしまった。私たちは決勝でその札幌第一と戦い、鍵谷が相手打線を0封の好投。6－0の完勝で、私たちは9年ぶりに夏の甲子園出場を決めたのだ。

辞める覚悟で挑んだ夏の大会である。私は優勝できて、本当にうれしかった。しかし、試合終了直後は優勝した喜びよりも「やっと甲子園に行ける」「これで甲子園のプレッシャーから解放された」という安堵感に包まれていた。

9年ぶりの甲子園では、1回戦で強力打線として評判だった東邦と対戦した。試合は乱打戦となり、私たちは東邦に打ち負けて10－15で敗れた。

この日の鍵谷は本調子とは程遠く、変化球のコントロールが極端に悪かった。初回には、サイレンが鳴りやまぬうちに第1球目を東邦の山田祐輔捕手（現・東邦監督）に捉えられ、史上3人目となる先頭打者初球本塁打を浴びてしまった。結局、鍵谷は3本のホームランを含む被安打14、12失点で負け投手となった。しかし、私たちが甲子園に来ることができたのは、鍵谷がいたからだ。鍵谷とバッテリーを組んでいたキャッチャーの立島達直（現・北海野球部部長）も「鍵谷に甲子園に連れてきてもらい、鍵谷で負けた。悔いはありません」と試合後のインタビューで語っていた。

後で聞いた話だが、東邦の森田泰弘監督（当時）は、試合前のブルペンでピッチング練習をする鍵谷を見て「今日の鍵谷は変化球がまったく入っていない」と思ったそうだ。そして、ベンチの選手たちに「恐らく今日の鍵谷はストレート主体で来るだろうから、そのストレートを打っていけ」と指示を出したという。山田選手の先頭打者ホームランの裏には、森田監督のすばらしい観察眼があったのだ。

誰よりも努力していた鍵谷陽平

鍵谷が本校に入学してきた2006年当時、北海道の高校野球は夏の甲子園2連覇を達成した駒大苫小牧を中心に回っていた。道内で評価の高い中学生選手はこぞって駒大苫小牧に入っていく。そんな環境にあって、鍵谷は「隠れた逸材」としてうちに来てくれた。

私に鍵谷を紹介してくれたのは、函館中部の山本武彦監督である。山本監督とは、私が北海でコーチをしていた時代から縁があった（山本監督は1990年夏に中標津が甲子園初出場したときの監督）。その函館中部には、鍵谷の年子のお兄さんが在籍していた。本来であれば、鍵谷は兄のいる函館中部に行くのが筋である。しかし、なんでそうなったのかは覚えていないのだが、うちのグラウンドで函館中部と練習試合を行った際、山本監督は中学生の鍵谷も一緒に連れてきていた。私はそこで初めて鍵谷を見た。

鍵谷は七飯町立七飯中の野球部に所属しており、中体連の地区大会で負けていたのでほとんど知られていない存在だった。当時の身長は174～5センチ程度だっただろうか。ぽっちゃりした体型から、キレのいいストレートを投じていた。彼を見て「確かに球は速いけど、まとまりすぎていて伸びしろが感じられない」と評価する人もいた。でも私は、ピッチャーも野手も「投げられる」ことが評価の基準である。全力で投げた球が、狙ったところに投げられなければ野球は成り立たない。だから、ピッチャーにも野手にも、最低限「投げられる」ことを求めている。

だから「まとまりすぎている」という評価を聞き、私は「まとまっていて何が悪いのかな？」と思った。どんなに球が速かったとしても、コントロールの定まらないピッチャーより、まとまっているピッチャーのほうが絶対にいい。

山本監督は「平川先生がいいと思うなら、彼に声をかけてみれば」とおっしゃった。山本監督は、なぜ敵に塩を送るようなことをしたのか？　読者の方々はきっと不思議に思っているだろう。これは私の推測でしかないが、山本監督はたぶん鍵谷のポテンシャルを理解していたのだと思う。そして、地元の函館にいるより野球に集中できて、なおかつ甲子園に近い位置にいる北海に行ったほうが鍵谷のためになる。そう考えて、うちを勧めてくれたのではないだろうか。

このような経緯があって、鍵谷は北海に来ることになった。人間としての鍵谷をひと言で表するならば「いいやつ」である。運動能力に秀でているだけでなく、成績がよく、人間性にも優れていて非の打ち所がない。見た目がシロクマのようにかわいかったため、鍵谷は学校の誰からも愛される存在だった。

鍵谷は寮生活をしていたが、何も言わなくても自己管理がしっかりできていた。私の長年の経験から言えるのは「自分のことは自分できちんとやる、できる。そういう選手は絶対に伸びる」ということだ。しかも、鍵谷は稀に見る努力家でもあった。運動能力は確かに高かったが、決してずば抜けていたわけではない。入学当時の彼の球速は、120キロ台後半~130キロ台前半。それが高3最後の夏、甲子園ではMAX146キロを記録した。20キロ近くも球速をアップさせたのは、間違いなく彼の努力の賜物である。

練習に取り組む姿勢、考えて野球をすること、そういった面でも彼は高校生離れしていた。進学した中央大でも、法学部に所属して野球部との文武を両立させた。

鍵谷は2023年オフに読売ジャイアンツから戦力外通告されるも、元々在籍していた北海道日本ハムファイターズと育成選手として契約を結んだ。「きっと彼なら、日ハムでもうひと花咲かせてくれるはず」と、私は信じている。

夏の甲子園、初戦の壁をなかなか破れず
――4度挑戦するもすべて初戦敗退

私が「甲子園」と聞いて、まずイメージするのは〝怖さ〟である。とくに、なかなか1勝を挙げられなかった夏の甲子園には、あまりいい思い出がない。

2011年、私たちは1964年以来47年ぶりに、春夏連続の甲子園出場を成し遂げた。春のセンバツは3回戦（準々決勝）まで進み、九州国際大付に4－5と惜敗するも全国ベスト8の記録を残すことができた。

そして、周囲からも期待されて臨んだ夏の甲子園。初戦の相手は名将・馬淵史郎監督率いる明徳義塾だった。

馬淵監督は、夏の甲子園で初戦敗退がほとんどないことでよく知られている（初戦敗退は21度の出場中、2015年の敦賀気比戦と2022年の九州国際大付戦の2戦のみ）。そんな明徳義塾とは1回戦から当たりたくはなかったが、なぜかうちは夏の

南北海道大会も甲子園もあまりクジ運がよくない。

馬淵監督と対戦するのは、私自身このときが初めてだった。それまでも馬淵監督の野球をテレビなどで何度も見てきて「勝負師だな」と感じていたが、実際に対戦してみてその思いをさらに強くした。

戦術、采配、選手の起用、ゲームの流れを読む力、そのいずれもが私とは次元が違うと感じた。百戦錬磨の老獪さとでもいえばいいのか。馬淵監督は2002年夏に全国制覇も達成されているが、大阪桐蔭等ほかの「超強豪」と呼ばれる私学に比べれば、明徳義塾の選手たちがもともと持っているポテンシャルはやや劣るだろう。しかし、そういった選手たちを鍛え上げ、超強豪校と渡り合うまでに持っていく「勝たせる技術」に長けている監督は、日本広しといえども馬淵監督がナンバー1であろう。

明徳義塾と対戦している最中は、グラウンドで試合をしているというより、ベンチと勝負している感じだった。2－3で敗れたが、馬淵監督にはとてもいい勉強をさせていただいた。「1点差の負けは監督の責任」とよく言われるが、まさにこの負けは私の責任以外の何物でもない。

明徳義塾に負けた後、私たちが夏の甲子園出場を果たしたのは4年後の2015年のことである。1999年の夏は初めての甲子園だったので、行けたことに満足していた。9年間苦しんだ末に辿り着いた2008年は、勝つことより「やっと辿り着けた」という安堵感が先にあった。そして、監督としての経験が10年を越えた2011年には、春夏連続で甲子園に出場できたものの、初戦で明徳義塾と当たって監督としての力量差をまざまざと見せつけられた。

「今度こそ」という思いで乗り込んだ2015年。過去のどの夏の甲子園よりも、私は「勝ちたい」という強い思いを抱えて甲子園に乗り込んだ。

2015年は、記念すべき第100回大会だった。開幕戦の始球式には、王貞治さん（福岡ソフトバンクホークス取締役会長）が登場することになっていた。そして、私たちは抽選会でめでたくその開幕戦のクジを引いた。相手は九州の名門・鹿児島実業である。

いまでこそ、王さんの始球式でうちの選手たちが守備に就いていたのはいい思い出となっているが、当時は「なんで、よりによってこんな大変な開幕戦に……」という思いもあった。

開会式のある初日は、7時くらいには甲子園に入らなければならないので、6時過ぎには宿舎を出る。逆算していくと、4時半起床にしなければ間に合わない。日が昇る前の4時半に起きて選手たちの食欲がそれほどあろうはずもなく、一応形だけの朝食を済ませてそのまま甲子園に行き、2時間ほどの開会式を経て始球式（上空に飛来したヘリコプターから始球式のボールが落とされた）が行われ、やっと試合が始まるというスケジュールだった。もちろん、これは両校ともに条件は同じなので言い訳にはできない。私が監督として未熟だったため、選手たちにベストコンディションで試合をさせてあげることができなかった。それが、唯一悔やまれるところである。

鹿児島実業との試合は、5回に10失点するなどして4－18の大敗を喫した。5回の大量失点後、キャッチャーの様子がおかしかったので確認すると、軽い熱中症になっているようだった。すぐに交代させたが、攻撃も守備もバッテリーもすべての歯車が最初から狂いっぱなしで、最後まで嚙み合うことはなかった。こうして、満を持して臨んだ4度目の挑戦も、不本意な結果に終わったのである。

夏の甲子園5度目の挑戦にして初勝利、さらには準優勝
――甲子園は選手たちの未知なる力を引き出す不思議な場所

鹿児島実業に惨敗した翌2016年夏、私たちは幸いにも2年連続で南北海道大会を制し、夏の甲子園に出場することができた。

この代には、前年からレギュラーだった選手が多かったが、チーム全体の力量としては前年のほうが上だった。夏の札幌支部予選の2回戦では、あやうく負けそうになったこともあった（札幌旭丘に4－3で辛勝）。この接戦を凌いだことで選手たちも精神的にたくましくなり、その後の南北海道大会は危なげなく勝ち進み、2年連続で夏の甲子園出場を決めた。前年のチームより総合力では劣るものの、甲子園を経験している選手が多く残っていたため、私としては「あの悔しさを甲子園で晴らしてくれるのでは」という淡い期待もあった。

エース兼キャプテンだった大西健斗はこの夏、甲子園の決勝以外はほぼひとりで投

げ切ってくれた。実は、前年秋に故障して冬はまったく投げることができず、春も調整に当てたため実戦登板はなく、本格的に投げ始めたのは夏の大会直前になってからだ。しかし、休養が十分だったからか、あるいはその後の調整がうまくいったからか、夏の大会で大西は私の期待以上の働きで私たちを甲子園へと導いてくれた。

それまで4度出場した夏の甲子園は、いずれも初戦敗退。5度目となったこの夏は、周囲からの期待も高く「絶対に勝つ」という思いだけで甲子園初戦に臨んだ。

初戦（2回戦）の松山聖陵戦は、両チームのエースによる投手戦となった。松山聖陵のエース・アドゥワ誠（広島東洋カープ）は長身から投げ下ろすストレートがすばらしく、8回が終わって1－1の同点。最終回の表、松山聖陵の攻撃を大西が三者連続三振に切って取り、これ以上ない流れで私たちは裏の攻撃に入っていった。

9回裏、北海の攻撃。ヒットとエラーで2アウト・ランナー一三塁とすると、1番打者だったショートの小野雄哉が、センターにタイムリーを放ってサヨナラ勝ちを決めた。

監督2年目に初めて甲子園出場を決めたときも、喜びより安堵感が先に来たが、このときも夏の甲子園で初めて勝って本当にほっとした。宿舎に帰ってから、私は選手たちに「あとは気楽に、楽しくやろう！」と呼びかけた。初戦の大西は、これ以上ないというくらいの出来だった。しかし、彼は夏の甲子園初勝利で燃え尽きることはなかった。次の日南学園戦では肩の力が抜けて、さらにいいピッチングを見せてくれた。

この大会での対戦校とスコアは、次の通りである。

2回戦	松山聖陵	2－1
3回戦	日南学園	4－1
準々決勝	聖光学院	7－3
準決勝	秀岳館	4－3
決勝	作新学院	1－7

準決勝の相手である秀岳館は、春のセンバツでベスト4入りを果たしていた。この代には松尾大河、九鬼隆平（ともに横浜DeNAベイスターズ）などがおり、メンバーも揃っていた。鍛治舎巧監督もこの夏にかけていたと思うし、まわりも「北海が秀岳館に勝てるわけがない」と言っていた。しかし、私たちはここでも接戦を制して勝利を挙げた。

私たちが甲子園で快進撃を続けている最中に、駒大苫小牧の元監督である香田（この頃は西部ガスのコーチ）が「北海はゾーンに入っている」と言っていたらしい（何かの記事で見かけた）。確かに、あのときの私たちはゾーンに入っていたのかもしれない。何をやっても成功する、最終的には勝つという不思議な力が私たちに作用していた。その不思議な力がなければ、総合力に劣るあの代が決勝まで行くことはなかっただろう。

決勝戦の相手である作新学院には、エース・今井達也（埼玉西武ライオンズ）がいた。試合前、選手たちはアップを行い、監督である私はその間に取材なども受ける。だが、決勝の舞台裏は、準決勝までと雰囲気がまったく違い、緊張感がみなぎっていた。私は「甲子園の決勝とはこういうものなんだ」と初めて知った。選手たちと列になり、控室からベンチに向かっているときには「これが決勝か」と武者震いが起きた。そして「これを3年間続け、しかも2回も勝っている香田はやっぱりすごいな」と感服したものだ。

大会屈指の好投手・今井を攻略すべく、私は選手たちにバスターで打つよう指示した。普通にやっていたら、今井投手の150キロのストレートは打てない（彼はこの決勝で、自己最速の152キロを出した）。バットを短く持ち、ミートに徹するバッティングをさせたかったので、ランナーがいなくてもバスターで打たせた。しかし、いま振り返れば、決勝の敗因は私が「勝ちにいってしまった」ことだと思う。それまでの私たちは無欲で戦い、自分たちの野球をすることで決勝まで勝ち上がってきた。しかし、最後の決勝で私が欲をかき、勝ちにいってしまった。

いまの私でも、あのときと同じように決勝では勝ちにいくだろう。しかし「まずは初戦突破」だけを考えて戦うことはない。初戦から「決勝で勝つための戦い方」をしていく。準優勝となった後、私は「最初から意識して頂点を目指していなければ、甲子園の決勝では勝てないんだ」と悟った。

大西の好投はあったが、そこまで抜きん出た力を持つ選手はこの代にはいなかった。しかし、そんなチームが甲子園の決勝まで駆け上がり、すばらしい戦いを見せてくれた。甲子園ではたびたび、このときの私たちのように「力のないチームが勝ち上がっていく」ということが起きる。きっとそれが高校野球の醍醐味であり、甲子園は選手たちの未知なる力を引き出す不思議な力を持った場所なのだと思う。

3回連続で神戸国際大付と対戦して、いずれも1点差で敗戦

2016年、夏の甲子園で準優勝となった後、私たちは2017年の夏、さらに2021年の春、夏と甲子園に出場した。そしてこの3回の出場において、全国的に見ても、長い甲子園の歴史から見ても、滅多に起こらない珍事が発生した。なんと3回ともすべて対戦相手が同じで、しかも北海が3戦ともに1点差の負けで初戦敗退という憂き目にあったのだ。

その3戦の内訳は、こうである。

2017年夏　神戸国際大付　4－5

2021年春　神戸国際大付　2－3x（延長10回）

2021年夏　神戸国際大付　1－2

私たちが3回連続で苦汁をなめさせられた相手は、見ての通り神戸国際大付である。

こんなことが起きるのも、甲子園が持つ不思議な力のせいなのかもしれない。

２０２１年は北海野球部の創部１２０周年だったこともあり、春夏と2季連続で甲子園出場を決めたことを学校の関係者、ＯＢのみなさんとともにとても喜んでくれた。

２０２１年の春のセンバツの抽選会で、対戦相手が神戸国際大付に決まったときは「4年前のリベンジだ」と思ったが、結果は無念の延長10回サヨナラ負け。続く夏に2季連続出場を果たした際の抽選会では「2度あることは3度あると言うしな」と、薄々覚悟はしていたものの、対戦相手が神戸国際大付に決まったときには「ホントにこんなことがあるのか？」とさすがに絶句した。

うちはクジ運がよくないと先述したが、この「3回連続初戦の相手が神戸国際大付」はある意味で本領発揮といえるだろう（後述するが、２０２４年センバツの初戦は大阪桐蔭だった）。

神戸国際大付とうちは、似たようなチームだと思っている。兵庫には報徳学園、育英、東洋大姫路、滝川二、神港学園、神戸弘陵といった強豪私学のほか、社、明石商、市立尼崎などの公立の強豪も多く、有力選手が分散している。うちも神戸国際大付も、大阪桐蔭のような超高校級の選手がいるわけではなく、勝つためには小技や機動力を駆使していくしかない。接戦に持ち込み、僅差で勝つ野球がどちらも持ち味なので、戦うといつもがっぷり四つになる。

もちろん、北海道と兵庫の高校野球を比べれば、兵庫のほうがレベルは高い。神戸国際大付の青木尚龍監督は、初戦の相手が北海に決まり「くみしやすし」と思っていたのではないだろうか。高校野球では、実力以外にも「運」や「巡り合わせ」といったものが、勝敗を大きく左右する要素だと私は思っている。甲子園で勝つには、このような実力以外のものも味方につけていかなければならないのである。

甲子園は勝つことができれば「いいところ」だが、負ければ「怖いところ」だ。北海が準優勝したことなど、何年か経てばみんな忘れてしまう。継続して甲子園に出ていないと力は発揮できないし、評価もされない。近年は2021年の春夏連続出場に続き、2023年夏、2024年のセンバツとコンスタントに甲子園に行くことはできている。だからこそ、あとは「日本一」という頂点を目指し、勝ち上がっていくことが監督である私に求められた最後の使命だと思っている。

２０２３年、夏の甲子園で２度のサヨナラ勝ちを収め3回戦進出

２０２３年に、私たちは2年ぶりに夏の甲子園に出場した。ここでもまたうちのいつものクジ運が発揮され、１回戦の相手は明豊となった。みなさんご存じのように、大分県の代表である明豊は２０２１年のセンバツで準優勝となり、同年から２０２３年まで3年連続で夏の甲子園出場も果たしている〝超〟のつく強豪である。抽選会で、私が「なんでまたそんなところと……」と思ったのは言うまでもない。

明豊の川崎絢平監督は智辯和歌山出身で、現役時代は1年夏からベンチに入って甲子園優勝も経験しており、私より10歳ほど若いがその経験値は相当なものがある。川崎監督は私のような凡人監督ではなく、馬淵監督や香田監督と同じく〝一流〟に属する監督さんである。

私のような凡人監督が甲子園で勝つには、とにかく「出続けること」が何よりも重

要だと考えている。がんばって出続けることで、野球の神様が「あいつもがんばっているから、ちょっと勝たせてやろうか」と思ってくれる。だからこそ、私はいままで何度も甲子園で悔しい思いをしてきたが、めげずにがんばってくることができた。

そしてこの明豊戦で、野球の神様が北海に微笑むことになる。5－7と2点ビハインドで敗色濃厚な9回裏2アウトからタイムリーと押し出し四球で同点として、タイブレークの延長10回表には明豊に1得点されるも、その裏にうちがタイムリー2本を放ち、サヨナラ勝ちを収めたのだ。

2回戦の浜松開誠館戦では、ピッチャーを岡田彗斗→長内陽大→岡田→熊谷陽輝→長内→熊谷という、いつにも増して細かい継投で9回裏のサヨナラ勝ちへとつなげた。後で聞いた話だが、この日の勝利が南北海道勢の春夏通算99勝目だったそうだ。残念ながら、私たちはこの後の3回戦で神村学園に4－10で敗れ、さらにその後の2024年のセンバツでも1回戦で大阪桐蔭に負けたため、南北海道勢の通算100勝目にはまだ至っていない。

これまで出場してきた甲子園で、本校は「エースひとりに任せる」という展開が多かった。しかし、この夏は南北海道大会のときから先述の3人のピッチャーをやりくりしながら勝ち上がり、甲子園でも2勝することができた。

エース格の熊谷は肘に不安があったため、長いイニングを任せるのは難しかった。だから、先発は背番号1の岡田か熊谷のどちらで行くか、試合前にはまずそれを熟考した。このふたりに加え、左腕の長内（ワンポイント起用が多かった）を交えた3人をどのタイミングで使っていくか。熊谷と長内は打っても4番、5番と、打線の中軸を担っていた。熊谷はファーストかピッチャー、長内はファーストのほかレフトも、岡田は当初はピッチャーだけだったが、サードも守れるようになった。大会期間中はこの3人をどう回していくか、守備のことも考えながらの采配だったので、試合後は例年以上の疲労感に襲われた。

試合中は、ピッチャーをどのタイミングで代えるかを見極め、守備の回し方を常に考えていた。ピッチャーは3人とも野手兼任だったため、ひとりを代えると全体のポジションも大きく変わる。ゲームの流れ、局面、どこで代打を出すかなど、勝つためにもっとも有効な代え時を探りながらの采配だった。

ピッチャーにしろ、バッターにしろ、私は選手の代え時を考える上で「その日の調子」というものをあまり当てにしていない。私が判断基準にしているのは、その選手が持っている〝能力〟であり、それまでの〝がんばり〟である。その判断基準だけはぶれないよう、いつも気をつけている。

かつて、駒大苫小牧の野球を研究していたとき、香田監督がわりと頻繁にピッチャーを代えるので「ピッチャーの代え時をどう考えているのか？　判断基準は何なのか？」と直接聞いてみたことがある。すると、香田監督は「いやー、理屈ではあんまり考えてないな」と言った後「あえて言うなら、自分がバッターボックスに立っていると想定して『このピッチャーは打てる』と感じたときは代える」と教えてくれた。私の中にはなかった考え方だったので「なるほど、そういう考え方もあるのか」と非常に参考になった。

大阪桐蔭の強さとは？

――2024年の夏に向けて

2023年の秋季北海道大会を制して、私たちは2024年のセンバツ出場を果たした（2023年の明治神宮大会にも出場したが、そのときはあえて新基準のバットを使って挑んだ。そちらは第5章でお話ししたい）。

2021年以来、3年ぶりのセンバツ。抽選会でうちのキャプテンは、1回戦の相手にあの大阪桐蔭を引き当てた。まがりなりにも日本一を目指しているチームとして、大阪桐蔭は避けて通れぬ道ではあるし、私自身も一度は対戦してみたいと思っていた相手ではある。しかし「またか……」と思ったのも事実だが。

結果として、大阪桐蔭との一戦は1－7の完敗だった。

先発の松田収司が、3回持たず8四球で4失点。その後リリーフした大沢知弥は粘り強く投げてくれたが3四球、被安打5で3失点。2投手の継投で与えた四球が11はちょっと多すぎた。

大阪桐蔭のような強いチームと戦うなら、最少失点での接戦に持ち込まなければ勝機は見出せない。だが今回、負けはしたもののいいバッティングを見せてくれた選手も多く、守備は内外野ともに無失策といい守りを見せてくれた。夏に向けてチーム全体としての底上げを図りながら、課題である投手力をどこまで上げていけるか。センバツの大舞台が、再び甲子園に戻ってくるためには私たちに何が必要なのかを教えてくれた。

大阪桐蔭の先発だった平嶋桂知投手は、実にすばらしいピッチングをしていた。シーズンに入ったばかりの春先に、あのようなキレのある球を投げられたら（しかも緩急もつけて）、初見で打つのは厳しいと言わざるを得ない。それほどまでに、圧巻のピッチングだった。

また、大阪桐蔭戦では改めて「勝負所」の大切さを痛感した。序盤の3回に喫した4失点は、2アウト後に外野手の前に落ちたポテンヒットがきっかけである。この小フライを外野手が思い切り突っ込んでアウトにしていれば、試合はもっと違った展開になっていたと思う。

あの小フライはダイブして捕りにいき、仮に後逸したとしても長打にはならない当たりだった。試合では、こういった勝負所が幾度か訪れる。その勝負所を選手自身が感じて、積極的なプレーができるかどうか。それができるようになれば、うちも大阪桐蔭に勝つチャンスが出てくるだろう。

2023年の秋も、大阪桐蔭と対戦したセンバツも「まだ北海には真のエースがいない」と考え、エースナンバーである「1番」はキャプテンである金沢光流（一塁手）につけさせていた。

大阪桐蔭戦に先発した松田は2年生、継投した大沢は3年生だ。来る夏に向けて、このふたりのうちどちらが真のエースへと成長してくれるのか。あるいは、新1年生を含めた投手陣の中から新たな力が台頭してくるのか。それぞれが切磋琢磨しながら、エースを目指してがんばってくれることに期待したい。

2024年夏の札幌支部予選を目前に控え、いまは全体の底上げをしながらチームを一から鍛え直している最中である。

札幌地区は札幌大谷と札幌日大、さらに2023年秋の北海道大会決勝で対戦した東海大札幌など、相変わらず群雄割拠の様相を呈しており、南北海道大会に進めたとしても甲子園常連の北照が待ち構えている（今季の北照には、いいピッチャーが左右揃っている）。北海道の大会では、その日にやってみないとどうなるかわからない試合がたくさんある。だから、私は来る夏の大会に備え「自分のチームの力をつけるしかない」と思って日々の練習に励み、本番に臨んでいくだけである。

「地方大会と甲子園はまったくの別物」と気づいた2023年夏

2023年夏の甲子園で明豊に勝利するまで、私は南北海道大会と同じ戦い方をして甲子園で負けることが多かった。

2023年は、先述したように複数のピッチャーによる継投でやりくりしなければならなかったため、これまでの北海の戦い方とは地方大会のときから異なっていた。そして甲子園出場を決めた際、私はそれまでの反省から「地方大会と甲子園の戦い方はまったくの別物。甲子園ではもっと大胆に、かつ積極的に選手起用をしていこう」と決めた。

それまでの私は、甲子園での試合は北海道の大会で戦ってきた流れ、試合運びをとても大事にしてきた。「そのやり方で勝ち上がってきたのだから、甲子園だからといって何も変える必要はないだろう」という考え方である。

でもそのようなやり方をして、私は甲子園では勝てていなかった。近年、いくら本校が甲子園にコンスタントに出るようになったとはいえ、甲子園で勝てていないのは事実であり、それは「何かが間違っている」ことの証左だといえよう。

だから私は、南北海道大会優勝から甲子園初戦までの時間は限られているが、普段の練習からそれまでのやり方を改め「やらないときはやらない（選手を休ませる）」など新たな方法を模索しながら導入していった。

試合の采配や選手起用に関して、ほかの人から見れば私のやり方はあまり変わっているようには見えなかったかもしれない。でも、私自身は「いままでだったらこうしていたけど、今回は意図的にこうした」という采配、選手起用がこのときの甲子園ではとても多かった。

それまでの私は、3打席連続で凡退している選手でも「4打席目はきっと打ってくれるだろう」という期待を込めて、代えることはあまりしなかった。しかしそれをやめ、意図的に早い段階から代打を送ったり、いままでであれば送りバントを用いる場面でも足を使ってエンドランにしてみたり、いくつか新たなことを試みた。ピッチャーの起用にしても、それまではエースを重んじて「先発は1番」とすることが多かったが、そんな保守的な選手起用も大胆に変えていった。

私なりに考えた数々の改革が功を奏し、２０２３年の夏は優勝候補の一角だった明豊を延長戦の末に破り、鬼門だった１回戦を突破して３回戦まで進むことができたのである。

振り返ってみると、駒大苫小牧時代の香田監督は、選手の交代を頻繁に行っていた。さらに、大会ごとに選手の背番号も目まぐるしく変えていた。もう20年も前の出来事だが、いまになって「だからあそこで選手を代えたんだ」「背番号を変えたのは、きっとこういう狙いがあったんだろうな」と理解できるようになった。

いまでも「香田がこういうことをやっていたな」「香田がやっていたのは、そういうことだったのか」と彼のやっていたことを振り返る機会が多い。私にとって、香田誉士史は何かにつけて思い出す、これからもずっと意識していく存在なのだ。

第2章

野球との出会いから北海の監督になるまで

U-18侍ジャパンのコーチで学んだこと

夏は野球、冬はスケートの幼少期

私は北海道の根室で生まれた後、父の転勤に伴い釧路で暮らした。父は日本電電公社（現在のＮＴＴの前身）に勤めており、転勤族だった。そんな環境だったため、私は小学校卒業と同時に隣町の厚岸町に引っ越すことになった。

この時代には珍しく、私はひとりっ子である。父が高校まで野球をやっていたこともあり、幼い頃から父とよくキャッチボールをしていた。小学校に上がってからも、近所の友だちと野球をして遊ぶのが日課だった。

チームに所属して本格的に野球を始めたのは、小学校4年生のときである。当時は小学校の4年・5年・6年とそれぞれの学年にチームがあり、4年生の秋に「新人戦」という名目で地域の各小学校のチームが集まって大会が行われていた。私は釧路市立白樺台小学校に在籍しており、チーム名は「白樺ファイヤーズ」といった。

この小学校のときのチームは、中学・高校の部活の小学生版といえばわかってもらえるだろうか。監督も学校の先生が務めていた。ただ、部活とはいっても1年中行っているわけではなく、大会があるときだけ活動する感じだった（普段はクラス単位で集まって試合などをして遊んでいた）。私は4年生から6年生になるまで、ポジションはずっとピッチャーをやっていた。チームの強さは地区大会を勝ち上がり、市内大会に出場できるレベル。3年間で全道大会まで進んだことは、私たちの代では一度もなかった。

また、北海道の小学生は、夏と冬（シーズンオフ）に違うスポーツに取り組むことが当たり前になっている。だから私は春から秋は野球をして、冬はスピードスケートをしていた（釧路には山がないので、冬に行うのはスピードスケートかアイスホッケーだった）。

先述したように、私は中学になって厚岸町に引っ越したため、厚岸町立真龍中学校に通うことになり、そこで野球部に入部した。さらに陸上にも興味があったため、野球と並行して陸上部にも入って活動していた。

野球部では、ポジションはサードか外野だった。レギュラーになったのは、2年の新チームになってからのことだ。その後は、たまにピッチャーもするようになった。

陸上部では、最終的に種目を走り高跳びに絞った。当時、私の身長は175〜6センチあり、地区大会で優勝して北海道大会まで進むことができた。自己最高記録は1メートル71センチだったと記憶している。

私は「すべてのスポーツはどこかで通じている」という考えが根本にあり、陸上部で活動したことは野球にもとても生かされたと感じている。走り方や走力、跳躍力のみならず、体の使い方、身のこなしなど、いろんな部分で役に立っている実感がある（小学校のときにやっていたスケートも同様）。

いま、北海の野球部では屋外で野球ができない冬に、スキーや球技など様々なスポーツに取り組ませている（第4章で詳述）。ほかのスポーツから学べることはたくさんあるので、シーズン中にもほかのスポーツをやらせることはあるが、やはりシーズンオフに取り組ませるのがメインとなっている。

野球に専念するため、親元を離れて北海に入学

小学生の頃、甲子園で活躍する東海大札幌（当時・東海大四）をテレビで見て「東海大四に行きたいな」と思ったのを何となく覚えている。その後、中学1年生のときに、北海の選手たちが甲子園でプレーしているのをテレビで見た。そのとき画面に映っていた北海のユニフォームがかっこよく見えて、私は「北海で野球がやりたい」と思うようになった。

当時の私の夢は「甲子園に出場する」ことだった。中学1年で北海に憧れを抱くようになり、そのとき3年生だった先輩がひとり北海に進学した（その先輩はスピードスケートをしていた）。「こんな田舎からでも北海に行けるんだ」と知った私は、北海に行きたい気持ちがさらに大きくなっていった。

厚岸から札幌まで、車でゆうに5〜6時間はかかった時代である。とてもではない

が、通うことはできない。私は親元を離れ、ひとりで生活する覚悟はできていた。それくらい「野球で勝負したい」と本気で思っていたのだ。当時の北海には寮がなく、地方から来た生徒はみな下宿で生活していた。私が本気で「北海で野球をしたい」と思っていることを両親は理解してくれて、下宿生活にもＯＫを出してくれた。

いまでこそ「事前に練習を体験してから受験する」というシステムが各校当たり前になっているが、当時はそんな丁寧な対応をしてくれる学校は稀だった。もちろん、私も北海の野球部で体験など一度もすることなく（見ることもなく）、受験をした。入試で初めて北海の校舎を訪れ、中学時代の先輩の案内もあって無事に受験を済ませ、私はめでたく合格を果たしたのだった。

北海入学が決まった私には、親元を離れる抵抗や寂しさはまったくなく「札幌に行って野球をやるぞ」という希望に満ちあふれていた。

しかし、当時は昭和60年代。スパルタ全盛で、上下関係もめちゃくちゃ厳しい時代である。私は入学早々、想像していた高校野球生活と現実とのギャップに、愕然とすることになる。

野球部に入部した1年生は、40人くらいいたと思う。先輩たちはとても厳しく、1

か月も経たないうちにかなりの数の新入部員が辞めていった。あの頃の野球部（というか体育会系の部活動全般）は、最初の1年間を耐えられるかどうかが肝心だった。1年持てば最後まで持つ。でも、田舎者の私がそんなことを知る由もない。

野球部での練習、生活はきつかったが、私には「辞めてどうするんだ？」という思いのほうが強かった。野球部を辞め、尻尾を巻いて厚岸に帰ることなど絶対にできない。そして何よりも、北海を辞めたら甲子園に行けない。ここに来た意味がない。だから2～3か月が経った頃には「俺は3年間、ここでがんばる！」と腹をくくった。

大西監督の「野球」と「教え」
――現役時代は2度甲子園に

私の恩師である大西監督にとっては、私たちが初めて迎える1年生だった（大西監督は前年の秋に監督に就任していた）。大西監督の練習はとても厳しかったが、私たち1年生にとって辛かったのは、それよりも先輩後輩の上下関係のほうである。

それまでの野球部の古い体質を変え、新たな野球部のスタイルを確立する。学校側が大西監督にもっとも期待していたのは、この一点に尽きる。グラウンド整備や細かい雑務はそれまで1年生の役割だったが、大西監督は「学年関係なく全員でやれ」と命じた。すると、徐々に上級生たちもそれまでのやり方を改め、1年生にすべてを押しつけるようなことはしなくなった。

大西監督はこういった古い体質の改革以外にも、練習メニューや体力トレーニング、試合の戦術なども当時の最先端に近いやり方をどんどん導入していった。あの頃は「部活中には水を飲むな」というのが当たり前の時代だったが、大西監督は「水分補給は適宜するように」と指導していた。

大西監督は自分の目指す緻密な野球、考える野球を私たちに理解させるべく、自ら野球教本を作って選手たちに配布していた。シーズンオフには大西監督が講師となり、その教本を見ながら座学も行った。ボールの投げ方、捕り方といった基本から、野球の細かいルール、さらには戦術、守備のシフト、サインプレーなど、当時の北海道の強豪校でもあまり導入していないような最新の野球を、大西監督は徹底して私たちに叩き込んだ。

野球のほぼ素人みたいな存在で北海に入学した私は、大西監督と日々接することで「野球とは、こういうスポーツなんだ」「野球はこうやってやるんだ」とその奥深さを初めて知ったのだった。

私は北海に入ってからはピッチャーを務め、甲子園には2度行くことができた。2年のときのセンバツ（1988年、3回戦進出）ではベンチ入りはならず、アルプススタンドから声援を送った。このとき、蔦の絡まる甲子園球場に入場して、通路からアルプススタンドに出た瞬間の感動はいまも忘れない。目の前にすり鉢状の観客席とグラウンドが広がり、陽光に映える芝の美しさに私の心は震えた。

そして、高校最後の夏には控えピッチャーとしてベンチ入りを果たし、甲子園の土を踏むこともできた（1989年）。初戦となる2回戦で、山口県代表の桜ケ丘と当たり2－6で敗れたものの、小学生の頃から抱いていた「甲子園に出る」という夢を実現できて私は満足だった。

大西監督の指導で覚えているのは、普段の生活態度にもとても厳しかったことである。授業中の態度、言葉づかい、制服の着方、ユニフォームの着方、靴の履き方、靴の揃え方など、細かいところまで私たちは毎日指導を受けた。野球部の挨拶にしても

「野球部でしか通用しない挨拶はダメだ。ちゃんと社会で通用するように、誰にでもわかる挨拶をしなさい」と正された。

人としてどう生きるか。人として何をすべきか。大西監督は、そういった選手たちの人間性を高めることにも力を注いでいた。

野球はレギュラーに目が行きがちだが、大西監督はそれ以外の日の当たらない選手のことも、とても大切にしていた。日体大時代はチームのマネージャーを務めていた大西監督だからこそ、補欠の選手たちの気持ちをよく理解されていたのだろう。

この後詳しくお話しするが、私は北海学園大に進学してから、大学では野球をせずに母校の北海でコーチをしていた。

コーチとして大西監督の指導を見ていると、現役時代にはわからなかった（気づかなかった）ことがたくさんあった。大西監督は、補欠の選手たちにも普段からまめに声がけを行うことによって、やる気を引き出していた。「君たちがいるから、チームが成り立っているんだ」ということを直接言うのではなく、間接的に理解させる（気づかせる）ようにしていたのだ。独りよがりのレギュラー選手がいれば、大西監督は容赦なくみんなの前で叱った。補欠の選手たちのことを思えば、試合で適当なプレーなど絶対にできないし、ミスをした後にふてくされたりすることもできない。

「サポートをしてくれる選手たちがいるから、レギュラーメンバーが活躍できる」

「まわりのことを考えることのできる選手になれ」

大西監督の一貫したこの教えは、いまも私が引き継いで、意識的に指導するようにしている。

北海学園大に進学
——大学生をしながら母校のコーチに

高校3年生になって進路を考えた際、野球を本気で続けるなら北海道を出て勝負するのが筋だと私は思った。でも、本州の大学でやっていけるほどの実力が自分にはないことを、私自身が一番わかっていた。

北海でエースとして活躍していたのならともかく、私は控えピッチャーだった。そこで自分の実力を踏まえ、私は本州の大学で勝負することはあきらめた。そして、次に考えたのが、道内の大学に進んで野球を続けるという道である。

北海には系列の北海学園大があり（高校と同じ敷地内にある）、一定以上の成績を収めていれば上に進めるシステムがあった。私は成績に関してはクリアしていたので問題なかったが、北海学園大の硬式野球部は二部（夜間）の学生でなければ入部できない決まりとなっていた（昼に練習して、夜に講義を受ける）。ただ、私は一部に行きたい希望があり、二部に行ってまで野球を続けようという「野球への情熱」も正直薄れていた。だから「本気でやる野球は高校まで。これからは普通の大学生として4年間勉強をがんばろう」と気持ちを切り替えた。

時はバブル全盛の1980年代後半。当時は黙っていても就職はそれなりにできる時代だった。将来、就きたい職業や仕事などがまだ決まっていなかった私は「大学の4年間で自分の進むべき道を決めよう」と北海学園大に入学した。

この頃は「将来は高校野球の指導者に」とか「教員になろう」といった考えはまったくなかった。だから、大学在学中に教職課程も取っていない。

しかし入学して早々、大西監督から「平川、大学で何もしないんだったら、野球部の手伝いに来い」とお誘いを受けた。その頃、野球部の先輩で私より2歳上の古川一郎さんが、同じ大学に通いながら、北海野球部のコーチとしてお手伝いをしていた。古川さんはとてもいい先輩だし、そもそも大西監督からのお誘いを断ることなど私にはできなかった。「大西監督や後輩たちの役に立てるのなら」と、私は母校でコーチをすることになり、以降シーズン中は毎日グラウンドに通った。

昼は勉強、夕方は母校のコーチ、夜はバイトと、充実した大学生活を送っていた私だったが、大学2年生のときにバブルが弾けた。世の中は瞬く間に不景気となり、何の不幸か私たちが最初の就職氷河期世代となってしまった。

就職活動はうまくいかず、4年生の終わり頃になって私は「卒業するか、大学に残って就職浪人となるか」の二者択一を迫られた。だが、大学に残るには授業料がかかる。さんざん世話になってきた親にこれ以上迷惑をかけるわけにもいかず、私はいったん卒業して自力で就職先を探す道を選んだ。その就職浪人だった1年間も、私は野球部のコーチを継続していた。そんな事情から都合5年間、私は大西監督の下でコーチをさせていただいたことになる。

当時は、新卒採用が当たり前の時代だった。1回既卒になってしまえば、就職は難しい。そのうえ就職氷河期に突入して、既卒の就職はさらに困難を極めた。

就職氷河期ということで、公務員試験にも多くの学生が殺到した。もちろん、私もチャレンジしたがダメだった。その後、夏の大会で北海は南北海道大会を制して甲子園に出場（1994年の第76回全国高等学校野球選手権大会）。私もコーチとして、チームに帯同した。北海は1回戦の宇和島東戦に6－2で勝利すると波に乗り、ベスト8進出の好成績を収めた（準々決勝で佐賀商に3－6で敗戦。佐賀商はその後も勝ち上がり、佐賀県勢初の優勝を果たした）。

甲子園から北海道に帰ってきて、私は再び就職活動を始めたがなかなかうまくいかなかった。「どうしたものか……」と途方に暮れていたそのとき、野球部のとある先輩が救いの手を差し伸べてくれた。その先輩が紹介してくれたのは、道内一の老舗百貨店である丸井今井百貨店だった。そして無事、丸井今井百貨店への就職が決まった。こうして、混迷を極めた私の就職浪人生活も終わりを告げたのである。

社会人4年目に人生の転機が訪れる
――27歳の若さで北海の監督に就任

丸井今井百貨店に就職が決まった私は、1995年4月から正式に社員として勤め始めた。最初に配属されたのは紳士服売り場だった。

就職して丸2年、社会人生活にもすっかり慣れてきた1997年春、北海の杉本和紀校長（私が監督となってからは野球部の部長もしていただいた）から「話があるから」と連絡が入った。杉本校長にお会いすると「今年の秋いっぱいで大西監督が退任する。その後、君に監督になってもらいたい」と言われた。

私は就職して以降、野球部の一切の活動からは遠ざかっていた。だから、大西監督が退任する話も寝耳に水だった。しかも、その後の監督に私がなるなんて……。あまりにも驚きすぎて、私はしばし言葉を失った。

当然、その場で答えなど出せるわけもない。私は「即答はできないので考えさせてください」と言い、その場を後にした。

監督就任の一件に関して、大西監督とは一切話をしていない。だから、私が次期監督に選ばれたのは大西監督の希望だったのか、どうなのかもわからない。なぜ私が選ばれたのか、杉本校長に聞くこともなかった。

当時は社会人になって3年目。仕事にやりがいは感じていたが、同じことの繰り返しの毎日に何となくだが「俺の人生、本当にこのままでいいのだろうか?」と行き詰まりのようなものを感じることもあった。

そんなときに「次の監督になってくれないか」と打診され、私は大いに悩んだ。大学時代に大西監督の下で5年間コーチを務め、後輩たちと野球をするのは楽しかったが「俺には監督などという大役は果たせない」と感じる部分もあったからだ。

道内一の歴史と伝統を誇る北海野球部の監督など、27歳と若く何の実績もない私には荷が重すぎる。でも、私が今回の話を断ったら、誰が次の監督になるのか? せっかく大西監督がここまで苦労して野球部を立て直し、常勝チームへと成長させてきたのに、新たな監督がやってきたらそのいい流れを変えられてしまうかもしれない。

大西監督の野球を一番理解しているのは、この私である。現役として3年、コーチとして5年の計8年間、私は大西監督の下で同じ時間を過ごしてきた。
「まったく知らない人が監督となって、北海の野球が変わってしまうくらいなら、自分が大西監督の野球を継承して、野球部をさらに盛り上げていくべきではないか」

悩みに悩んだ末、重責だからこそ人生をかけて挑戦するだけの価値があると判断した私は、監督就任の話をお受けすることにした。それが、お世話になった大西監督への最大の恩返しになるとも思った。

1997年秋、私は大西監督の後を受けて新監督に就任した。勤めていた百貨店も私を快く送り出してくれた(当時の同僚とは、いまでも仲良くさせていただいている)。

野球部の指導者としてコーチを5年間経験していたが、コーチと監督では責任の度合いがまったく違う。27歳の若さで、道内一の名門の監督を任されたのである。当然、苦労するであろうことは就任前から予想していた。しかし、実際に監督としてグラウンドで選手たちに指導を始めると、様々な問題が立ちはだかり、その困難さは私の想像をはるかに超えていた。

コーチをしていた時代は、頼れる上司である大西監督がすぐそばいた。でも監督になってからは、そんな頼れる存在もグラウンドにはいない。社会人となった2年半は野球部から遠ざかっていたため、選手たちの中で私を知っている者も皆無だった。選手たちからすれば見ず知らずの、しかも何の実績もない若造が突然自分たちの監督になったのだから、受け入れられなくて当然であったろう。いまとなればそのように思うが、当時の私は毎日が必死で、そこまで考えを巡らせる余裕はどこにもなかった。

選手との人間関係も、技術的な指導法に関しても、毎日が困難の連続だった。新チームの秋季大会終了後に監督に就任したが、とくに上級生である2年生からの反発が強かった。就任の翌春、1年生が入部してきたものの上級生と一緒に練習させたら、まだ何の色もついていない新入生たちに悪影響が及ぶと考え、しばらくの間は上級生と1年生を別々に練習させたほどである。

この監督就任1年目は本当に辛く、何度辞めようと思ったことかわからない。大西監督にも何度も相談したが、そのたびに「辞めたら負けだぞ」と諭された。

就任2年目で運よく甲子園に出場できたものの……

——就任3年目で教員免許を取得、そして結婚

監督に就任してから「夏の甲子園全国最多出場の監督をやっているからには、最低でも甲子園出場」と思っていた。ただ監督をやるだけではなく、結果が伴わないと意味がない。悩み、苦しみながらの指導を続けていた2年目（1999年）の夏、私たちは南北海道大会を順調に勝ち上がり、3年ぶりの甲子園出場を成し遂げた。

まずは最低限の目標をクリアして、大西監督が軌道に乗せた「北海の野球」を継続できたという達成感はあった。まわりの人たちも私を完全に認めたわけではないだろうが、それなりの評価をしてくれた。早い時点で「甲子園出場」という結果を出せたことに、私は安堵した。

しかしながら、この初の甲子園から次の出場を果たすまでに、9年もの歳月を要することになってしまう。この9年間に味わった悔しさ、辛苦は第1章でお話しした通

りである。
これだけ長期にわたって甲子園出場がないのは、北海の長い歴史の中でも昭和46年から昭和57年の1度だけである（その後、大西監督が立て直して復活を遂げた）。

歴史の古い本校はそれだけOBの数も多く「北海OBの圧力は道内一」とも言われていた。大西監督が外様監督として本校に招聘された話はすでに述べたが、就任当初の昭和60年代前半は「どこの馬の骨だ」とOBからの圧力もすごかったと聞く。グラウンドには連日OBが訪れ「こんなのは北海の野球ではない」と批判し、試合に負ければスタンドからは野次が飛び、家にも文句の電話がひっきりなしにかかってきたそうである。

大西監督が経験されたご苦労に比べれば、私の苦労など取るに足らないものだということはわかっている。でも実際に監督となり、批判の矢面に立たされると、大西監督も味わったであろう辛さに私は打ちのめされた。大西監督には何度相談したかわからないが、そのたびに「辞めたら負けだぞ。がんばれ」と励ましていただいた。

大西監督は、以前から「高校野球の監督は、学校の教員が務めなければならない」という考えをお持ちだった。強豪校の監督は教員ではなく、大学野球や社会人野球の経験者など、外部から実績のある人物を招聘するパターンは昔からあった。しかし、大西監督は「高校野球は教育の一環なのだから、監督も教員が務めるべきだ」と考えておられた。だから、私も１９９７年秋から監督をしながら母校の北海学園大に２年間通い、教員免許を取得した。監督３年目となる２０００年、私は社会科の教員として学校に採用された。

教員となったこの年、私は結婚して家庭を持った。妻の陽子は野球とは無縁の人生を歩んできた人で、高校野球もまったく知らなかった（もちろんいまはある程度理解している）。しかし、監督として辛い日々を過ごしていた私にとっては、妻が野球を知らなくて逆によかったといえるかもしれない。当時、家に帰ってから野球の話をすることはほとんどなかった。そういった「公私」がきっちりと分かれた環境が、私にとってはいい気分転換になっていたように思う。

結婚したばかりの頃に公式戦を見に来た妻は、監督である私に対する野次がすごいのを目の当たりにして非常に驚いていた。その後、何度か観戦に来ているうちに「なんであなたがあんなにひどい野次を浴びなければならないの！」と怒ることもあった。

大西監督の時代に比べればはるかにマシだが、いまから20年前の２０００年頃は高校野球も球場の野次がすごかった。とくに、北海のように輝かしい伝統のあるチームはなおさらである。

2011年に、本校は春夏連続甲子園出場を成し遂げた。私としても40歳を越え、野球部の運営を軌道に乗せつつあるという手応えを感じていた。しかしその頃、とある公式戦で負けたときに、激しい野次が飛んできたことがあった。そのとき私は「若造ならともかく、40歳を越えてもまだ罵声を浴びせられるのか」と悲しくなってしまった。現代の高校野球では、負けて野次が飛ぶことはほぼなく、逆に励ましの声援が多く聞こえる。監督を務める方々にとっては、本当にいい時代になったものだと思う。

U-18侍ジャパンのコーチになって、間近に見たすばらしい選手たち

私は、2018年にU-18日本代表（侍ジャパン）のコーチに選出され、永田裕治監督（元・報徳学園監督、現・日大三島監督）の下、ピッチングコーチとして201

8年9月の「第12回 BFA U－18アジア選手権」と2019年8～9月の「第29回WBSC U－18ベースボールワールドカップ」を戦った。

永田監督からお声がけいただき、私は日本代表のコーチに就任した。永田監督と北海の関係が始まったのは、1995年のセンバツである。このときのセンバツは阪神・淡路大震災の直後に開催された。地元・兵庫代表の報徳学園は、大会中もっとも注目されていたチームである。その1回戦の対戦相手が、ほかでもない北海だった。

その試合では、3－4で北海が敗れた。しかし、永田監督と大西監督の付き合いがここから始まり、報徳学園がたまに北海道を訪れて練習試合などもするようになった。その後、大西監督は北翔大硬式野球部の監督となり、2019年の退任までの間に4度のリーグ制覇を成し遂げる（札幌六大学野球リーグ）。その北翔大時代も永田監督との縁は続き、報徳学園から北翔大に選手が入部してきていた。

そのような縁があったため、私も以前から永田監督とは面識があった。そんな関係性の中、2015年から2017年まで3年連続で夏の甲子園に出場し、2016年には準優勝を果たした私の実績を永田監督は買ってくれたのだと思う。

2018年の日本代表メンバーには、甲子園優勝投手の大阪桐蔭・柿木蓮（北海道日本ハムファイターズ)、準優勝投手の金足農・吉田輝星(オリックス・バファローズ)のほか、星稜の2年生だった奥川恭伸(東京ヤクルトスワローズ)、そのほかにも野手陣では大阪桐蔭の根尾昂(中日ドラゴンズ)と藤原恭大(千葉ロッテマリーンズ)、報徳学園の小園海斗(広島東洋カープ)、浦和学院の蛭間拓哉(埼玉西武ライオンズ)などがいた。アジア選手権では韓国、チャイニーズタイペイに連敗して3位に終わった。

翌2019年のメンバーは2年連続選出の奥川恭伸、大船渡の佐々木朗希(千葉ロッテマリーンズ)、創志学園の西純矢(阪神タイガース)、興南の宮城大弥(オリックス・バファローズ)、近江の林優樹(東北楽天ゴールデンイーグルス)などが揃う豪華な投手陣だったが、スーパーラウンドで韓国、オーストラリアに連敗して5位となった。

日本代表のコーチとして、Sランクの上を行くSS級の選手たちと間近に接することができたのは、私の指導者人生の大きな財産となっている。レベルの高い動き、プレーを見て「こういう選手がプロに行くんだな」と確認することもできた。

代表メンバーには、甲子園での戦いを終えたばかりで疲れの残っている選手も多く、私は指導らしい指導は一切せず、コンディショニングを整えることだけに力を注いだ。宮城や西は野手や打者として出場することもあったので、より一層コンディショニングには気をつかった。

代表チームに2度関わった中で、もっとも印象に残っているのは佐々木朗希の球威である。彼の投げるストレートは、次元が違った。

大会期間中、佐々木のキャッチボールの相手をしたことが何度かある。そのとき私は、それまでキャッチボールで一度も感じたことのない恐怖を覚えた。20～25mの距離で、彼はゆったりしたフォームでボールを投げてくるのだが、そのボールがとてつもなく重い。ボールが速いだけではなく、ボールの質がとにかく重いのだ。砲丸投げの砲丸が飛んでくる感じとでもいえばいいだろうか。キャッチボールをしている最中「ボールがグローブの網の部分を突き抜けてくるんじゃないか」と、私はずっと怖さを感じていた。

錚々たるメンバーを揃えながら、2大会ともに好成績を収められなかったのは、やはり甲子園の直後というのが大きく影響しているように思う。とくに甲子園で上位に進出したチームの選手は、コンディションがよくなかった。さらに甲子園が終わり、どの選手も気持ちが切れていた。厳しい戦いを終えたばかりの選手たちに、改めて勝利に対するモチベーションを持たせるのはなかなか難しい。

U－18侍ジャパンの大会は、そのような状況下で行われることが多いにも関わらず、2023年の「第31回　WBSC U－18ベースボールワールドカップ」で指揮を執った馬淵監督は、日本代表を初の優勝に導いた。さすが、希代の勝負師・馬淵史郎監督である。私は優勝の報に接し、馬淵監督のすごさを改めて思い知らされた。

息子のいる札幌国際情報と戦うのは嫌だった

私にはふたりの息子がおり、ふたりとも小学生のときから地元の学童野球チームで野球を始めた。その後、長男の悠は中学から吹奏楽部に入り、次男の蓮は中学でも野球を続け、高校は札幌市内の強豪公立校である札幌国際情報に入学した。

蓮の高校進学に関しては、北海に進むという選択肢もなくはなかった。しかし、私としては息子と一緒に高校野球をやるのは、あまり気乗りのすることではなかった。だから、無理に「北海に来い」と勧めることもなかったし、蓮の第一希望が公立である札幌国際情報だったこともあって、そちらに進学することになった。

札幌国際情報は1995年開校の新しい学校で、進学校としても知られている。野球部の有倉雅史監督（元・日本ハムファイターズほか）は北海のOBであり、私の4学年上の先輩でもある。

蓮が入学した2019年の夏、北海は南北海道大会の準々決勝で札幌国際情報と対戦して9－10で負けている（蓮はベンチ外だった）。この頃の札幌国際情報にはいい選手が揃っており、2019年、2020年（コロナのため独自大会）と夏の大会で2年連続準優勝を果たした。2020年の決勝では、蓮が2番手としてマウンドに上がり、無失点に抑えたが札幌第一に3－8で敗れた。

3年の夏、蓮はエースナンバーをつけ、もうひとりの左ピッチャー（こちらが主戦で蓮はレフトを守ることが多かった）とともに準決勝まで進んだ。

蓮の在学中、公式戦での直接対決は2019年の夏に1度当たったきりだが、練習試合は数試合行っていて勝った記憶がない。理由はよくわからないが、息子のいるチームとの対戦はなぜがやりづらい。そんな私の思いが、試合に出てしまったのかもしれない。

蓮はいま、仙台大野球部の3年生として、野手に転向してがんばっている。東北の強豪として知られる仙台大は部員が250人もいると聞く。そんな中で蓮は内野のレギュラーとなり、試合にも出ているようだ。

ベンチ入りしているだけでも大したものだと思うが、2024年の5月にはリーグ戦で初ホームランを記録した。元々蓮は左打者だったが、前年秋からスイッチヒッターに転向。5月の初ホームランは左で打ったものだ。

スイッチヒッターに転向してからは、練習量を2倍にしてがんばっているという。

当然のことながら私は仙台大の試合は見に行けないが、いままで同様、遠く北海道の地から息子の活躍を見守っていこうと思う。

北海出身のプロ野球選手
――中央大に進んだ二刀流・熊谷陽輝にも注目

「はじめに」でもご紹介したように、長い歴史を誇る本校野球部は名球界入りしている若松勉さんを筆頭に、現在まで多くのプロ野球選手を輩出してきた。

北海からプロに進んだ選手は、2024年5月現在までに25人いる。世代順に並べると次の通りである（★印は現役）。

田原基稔　（国鉄スワローズ→中日ドラゴンズ）
浅田肇　（国鉄スワローズ）
田原藤太郎　（中日ドラゴンズ）
荻野一雄　（読売ジャイアンツ→西鉄ライオンズ）
佐藤進　（国鉄スワローズ→中日ドラゴンズ）

中村之保　（南海ホークス→阪神タイガース）
谷木恭平　（中日ドラゴンズ）
若松勉　（ヤクルトスワローズ）
村井英司　（日本ハムファイターズ）
佐藤兼伊知　（ロッテオリオンズ）
遠田誠治　（中日ドラゴンズ）
有倉雅史　（日本ハムファイターズ→福岡ダイエーホークス→阪神タイガース）
堀田一郎　（読売ジャイアンツ）
瀬川隼郎　（北海道日本ハムファイターズ）
★鍵谷陽平　（北海道日本ハムファイターズ→読売ジャイアンツ→北海道日本ハムファイターズ）
★川越誠司　（埼玉西武ライオンズ→中日ドラゴンズ）
戸川大輔　（埼玉西武ライオンズ）
★佐藤龍世　（埼玉西武ライオンズ→北海道日本ハムファイターズ→埼玉西武ライオンズ）

★鈴木大和（読売ジャイアンツ）
★川村友斗（福岡ソフトバンクホークス）
★阪口皓亮（横浜ＤｅＮＡベイスターズ→東京ヤクルトスワローズ）
大窪士夢（埼玉西武ライオンズ）
★辻本倫太郎（中日ドラゴンズ）
★大津綾也（読売ジャイアンツ）
★木村大成（福岡ソフトバンクホークス）

以上25人のプロ野球選手がおり、私の教え子は12人がプロに進み、現役でがんばっている選手も９人いる。

教え子の中で、一番印象に残っている選手を挙げろと言われれば「全選手」となるが、あえて選ぶのであれば、やはり私を9年間の苦しみから解放してくれた鍵谷ということになるだろう。鍵谷は、あの時代の北海のキーパーソンだった。

入学した当初から「こいつはプロに行くな」と思った選手はいない。いずれの選手も、自分の努力でプロに注目される選手に成長していった。

入学から卒業までの間に一番伸びた選手は、阪口皓亮である。最後の夏、彼は背番号10だったが、甲子園の初戦（神戸国際大付戦）に先発して自己最速の148キロを記録。そのときのピッチングがスカウトの目に留まり、プロ入りを果たした。

もっとも直近でプロ入りしたのは、2023年のドラフトで中日ドラゴンズから3位指名を受けた辻本倫太郎（仙台大）である（辻本の兄も北海OBで佐藤龍世、戸川大輔と同期だった）。

辻本は高校時代にキャプテンを務め、東京の大学からも声がかかっていたが、兄と同じ仙台大に進んだ（大学でもキャプテンに任命されている）。キャプテンシーにあふれる彼は、気持ちが強く、いつも明るい。自分で考えて動ける頭脳も持っているので、完全なプロ向きといえる。ちなみに辻本の2学年上に阪口皓亮、川村友斗、鈴木大和が、2学年下に木村大成、大津綾也が在籍していた。

2024年のシーズンが開幕して、ホークスの川村の調子がよく、一軍で活躍している。彼は松前町出身で地域性もあってか、人柄がとてもいい。選手としてのタイプは鍵谷に似ており、体も強く一生懸命練習するタイプだった。

2023年夏のチームの主力だった熊谷陽輝は、中央大に進学した。二刀流を目指す熊谷はオフに肘のクリーニング手術をしたため、投手としてやっていくにはまだしばらく時間がかかるだろう。だがそのバッティングセンスを買われて、早くも春季リーグ戦の開幕2節目で野手としてスタメン出場も果たした。

また、熊谷とともに夏の甲子園でWエースと呼ばれた岡田彗斗は、社会人野球の日本製鉄室蘭シャークスに入った。

熊谷、岡本ともにプロを目指し、それぞれの道でがんばっている。熊谷は大学なので4年後、社会人の岡田は早ければ3年後にドラフトにかかる可能性がある。

ここで挙げたOBたちの活躍を祈ると同時に、これらの選手たちを見て「北海で野球がしたい」と思ってくれる子どもたちが増えてくれることを願うばかりである。

第3章

不易流行によるチーム作り

臨機応変と「勝負至上主義」が根幹にある私の指導論

指導方針の根幹は「不易流行」

私の座右の銘は「不易流行《ふえきりゅうこう》」である。「不易」とはいつまでも変わらないこと。「流行」とはその時代、その時々に応じて変化することを意味する。

北海の監督となって27年。選手たちへの接し方はその都度柔軟に対応してきたつもりだが、その根幹となる指導方針を変えたことはない。私がブレることなく、ずっと持ち続けてきた指導方針が「不易流行」なのだ。

世の中には、変わらぬもの、変えてはいけないものもあれば、その時々で臨機応変に変えていかなければならないものもある。私のような教員、指導者はこの「変わらぬもの＝不易」と「変えていかなければならないもの＝流行」をしっかりと理解、認識して生徒たちとコミュニケーションを取っていかなければならない。

「不易」に関して、私にはふたつの「変わらぬ指導方針」がある。まずひとつ目が

「高校野球は教育の一環である」ということ（詳しくは後述）。ふたつ目は「野球をする目的、それは勝つことである」ということだ。

公認野球規則【1．00　試合の目的】の中にある【1．05】にも、「各チームは、相手より多くの得点を記録して、勝つことを目的とする」と明記されている。これこそが、野球の唯一にして最大の目的なのである。

私は、このふたつは絶対に変えてはならないものとして、長年指導に当たってきた。もちろん、勝つことを目的とはしているが、何をしてもいいというわけではない。ルールやマナーといったものに則って勝つ。そしていま、私たちは甲子園で勝ち、日本一になることを目指して日々の練習に励んでいる。

「不易流行」の「流行」は、その時代、その時々に合ったふさわしいやり方に変えていくということだ。高校野球では、その代ごとに選手たちの質やカラーが異なる。そもそも、選手一人ひとりが性格も違えば考え方も異なるのだから、それを十把一絡げにして上から押しつけるような指導をしていても、選手たちはついてきてくれないし、そんな状態ではチーム力の向上など望むべくもない。だから私たち指導者は、その代に合った指導法、もっといえば選手一人ひとりに合った指導法を模索していかなければばならないのである。

もちろん、選手自身に「不易流行」を考えてもらうのも、とても大切なことだ。「変えてはならないもの」と「変えていかなければならないもの」を見極め、対処していく力を身につけるには、まず選手たちの「考える力」を養っていく必要がある。

私は、強いチームを作るには「選手たちが自分で考えて動ける」ことが大前提であると思う。そのような考え方に至ったのは、香田監督がいた時代の駒大苫小牧を見てきたからだ。

香田監督は毎日グラウンドで、選手たちに「指導する」というより、野球を通じて選手たちと「真っ向勝負」をしていたのではないかと思う。そして、香田監督の真剣かつ熱のこもった指導によって「勝つことが目的である」ということを理解した選手たちは、監督が求める野球を実践しようと自ら考えて動くようになっていった。そして、そのやり方が熟成されていった結果、選手たちは監督が考えている以上のチームを作ろうとしていたのではないだろうか。

走塁練習ひとつとっても、監督に言われるがまま行うのではなく、選手たちが主体的に「ああしたらいいんじゃないか、こうしたらいいんじゃないか」と指摘し合って方法を改善していく。そんな「自ら考えて動く」ことを実践してチームを牽引していたのが、2005年に夏の甲子園2連覇を成し遂げたときのキャプテンだった林裕也である。私は、これまでにいろんなチームのキャプテンを見てきたが、彼ほどキャプテンシーにあふれた人間はいなかった。だからこそ進学した駒澤大でも、その後進んだ社会人野球の東芝でも、彼はキャプテンに任命されたのだろう（いまは駒澤大でコーチとして、香田監督と一緒にチーム作りを行っている）。

私は、林がいた時代の駒大苫小牧を見て「こういうチームにならないと勝てないんだな」と感じると同時に「北海をこんなチームにしたい」と心の底から思った。

選手たちに「考えて動く野球」を実践してもらうには、彼らの自主性を育んでいかなければならない。しかし、それをやっていくには時間もかかるし、労力もかかる。選手たちは、2年半が経てばチームを離れていってしまう。時間は限られているが、私は「不易流行」を指導の軸に据えて、信じることをこれからもやり続けるしかないと考えている。

指導者としての私の考え「10のポイント」

私は人材育成（指導）をする上で、次のふたつを大きなポイントとして捉えている。

① 指導者としての考えや思いを、しっかり持つこと（「10のポイント」※本項後述）

② 生徒（生活）指導をしっかり行うこと

生徒を指導するのであれば、指導者こそが日々の生き方を律し、しっかりとした自分の「考え」を持っておくことが重要である。ひとつ目のポイントである、指導者が持っていなければならない「10のポイント」を私はこう定義している。

① **【どんな人生を送りたいか】**

- 自分は、こういう人生を送りたい
- 生徒には、こういう人生を送ってほしい

②【高校野球指導者としての目的・目標・夢は】
- 目的は…人間形成（人材育成）
- 目標は…日本一
- 夢は…いい父親になれる人間を作る
- どんな野球を目指すのか…負けない野球を確立し、そこから勝つ野球を目指す
- どんな監督を目指すのか…信頼される監督

※どうしたら達成できるか
　自己動機づけがこれらを成し遂げる。精神面（意志）、肉体面（行動）が大事

③【運を呼び込む～野球の神様を味方にする～】
- 目的を持った行動を続けているからこそ、運が向いてきたときにそれを利用することができる。日々、徳を積むことが必要

・目的を持って努力し続けていれば、過去の反省が有効に生きてくる。長く経験すれば教訓も多くなる

④【自分を信じる】

・信じることはひとつの心構えである。構えが重要で、心構えは知恵と経験から生まれる

・自分の考え方を変えたいと思えば、変えることができる。プラス思考、積極的な態度が結果を変える

⑤【プラス思考】

・人の能力は、心の用い方次第でいくらでも伸びる。生徒のいいところを引き出し、伸ばしていくことが重要である

・自らの潜在能力を引き出すために、それを引き出してくれる人と出会うこと。自分で引き出そうとする動機づけも必要である

※結果＝能力×考え方（足し算ではなく掛け算）

能力はみんながプラス、考え方はプラスもあればマイナスもある。したがって

考え方をプラス思考にする

⑥**【常に変化すること】**

・自分が変わらなければ何も始まらない
・変化するということは、成長するということである
※以下、ヒンズー教の教えから引用
心が変われば、態度が変わる
態度が変われば、行動が変わる
行動が変われば、習慣が変わる
習慣が変われば、人格が変わる
人格が変われば、運命が変わる
運命が変われば、人生が変わる
※何を変えるのか？　変化させるのか？
それは…習慣を変えること（いい習慣を身につけること）
アメリカの哲学者・心理学者のウィリアム・ジェームズは「思考には限界があ

り、私たちの生活はすべて習慣の集まりにすぎない」と述べている。つまり、良い習慣を身につければ、より幸せになっていく可能性が高い

⑦【高校野球に求められるものは何なのか～高校野球の最大のテーマ～】

・勝つこと（甲子園）のみを目的とした指導は、技術は向上するがそれが高校野球指導の成果とはいえない。そのような指導では、結果的に選手たちに「野球だけうまければいい」と思い込ませてしまう。結果はもちろん大切だが、そこに至るまでの過程も大切。高校野球の指導者は、野球の技術だけが優れた者を生み出すのではなく、人間力のある、社会に貢献できる人間を輩出すべく指導に努めなければならない

・結果と過程、どちらか一方が大事なのではなく、両方ともに大事であり、それを生徒たちに教えていかなければ勝てないし、勝つことが教育にもなる。指導者はその両方を追い求めなければならない

※教育と勝利、両方を追い求めること

⑧**【野球の目的とは】**

- 野球規則の【1．01】の項には「野球は、囲いのある競技場で、監督が指揮する9人のプレーヤーから成るふたつのチームの間で、ひとりないし数人の審判員の権限のもとに、本規則に従って行われる競技である」とあり、【1．05】の項には「各チームは、相手チームより多くの得点を記録して、勝つことを目的とする」と記されている

※勝つことを目的とする

⑨**【勝つためにはどうしたらよいか】**

- 近道は…ヒト（選手）、モノ（施設）、カネ（資金）
- 大事なのは…自らの成長（指導者、選手ともに）である

※指導者は日々勉強するしかない。指導者の成長、選手の成長なくして勝利なし

⑩**【指導の徹底・やり抜く力・スタイル（独自性）の確立】**

- 妥協することなく、粘り強く生徒たちに嫌がられるくらいに物事を徹底して行う

※組織（チーム）の力量は、リーダー（指導者）の力量以上にはならないことを心得る

以上「10のポイント」から導き出される結論は「高校野球は、教育の一環である」ということだ。高校野球は、学校体育として考えていかなければならない。

最後に、日本学生野球憲章に記されている一文をご紹介したい。

前文

国民が等しく教育を受ける権利を持つことは憲法が保障するところであり、学生野球は、この権利を実現すべく学校教育の一環として位置づけられる。この意味で、学生野球は経済的な対価を求めず、心と身体を鍛える場である

第2条（学生野球の基本原理）

学生野球は、友情、連帯そしてフェアプレーの精神を理念とする。学生野球は、法令を遵守し、健全な社会規範を尊重する。学生野球は、学生野球、野球部また

は部員を政治的あるいは商業的に利用しない。学生野球は、一切の暴力を排除し、いかなる形の差別をも認めない

私たち高校野球の指導者は、日本学生野球憲章に掲げられたこの基本精神を決して忘れてはならない。

ふたつ目のポイントである、生徒（生活）指導をしっかり行うことに関しては、特に学校生活が重要だと捉えているので、次の項で詳しく触れていきたい。

「学校は何のためにあるのか」を考えると、いろいろなことが見えてくる

子どもを取り巻く環境が大きく変化している今日、子どもに対する接し方や指導方法は非常に難しくなってきている。私は2011年に春夏連続で甲子園に出場して以降、その難しさを肌感覚で感じるとともに、指導面で悩むことも多くなっていった。

では、いまという時代に生きる生徒たちを指導していくために、私たち教員はどうあるべきなのか。その教えを請うために私は知り合いの伝手《つて》で、その道の専門家である広島国際大学心理学部心理学科の久次弘子教授を紹介していただいた。

久次教授によると、

「学校」とは…自分の力で生きていける力（人）を育てる場。だから、学校生活をしっかりさせることが大事である。

とのことだった。

学校は社会に出るために、いろいろなことを学ぶ場である。

そして、次に挙げるのは「公的な場や企業が求める人材」という日経連が行ったアンケートの結果である。その主たるものは、

① チャレンジ精神

② 主体性…自己管理能力。自分で自分の面倒を見られること

③ コミュニケーション能力…感じる力、気持ちを表現する力

④ 論理性…証拠、根拠、データを用いてはっきり話す

⑤　協調性
⑥　責任感
⑦　誠実性…約束やルール、マナーを守ること。信頼関係を構築できること。相手を尊敬した態度、清潔な服装、礼儀正しさ
⑧　ストレス耐性…ストレスに適応し、処理する能力

である（日本経済団体連合会調べ）。

こういった社会で生きていく力を身につけるために、一番大事なことは「学校という社会集団・組織からの学びを大事にすることです」と久次教授はおっしゃっておられた。

【学校とは】
①　知識、教養を身につけるための学習の場
②　集団や組織の中でどのように振る舞うかを学ぶ場
③　その中で自分のできることや役割を見つけることを学ぶ場

④　わからないことをわかるようになるには、何を調べたらよいか、誰に聞けばよいかを学ぶ場
⑤　人生の答えはひとつではないことを学ぶ場

私たち教員は、学校が何のためにあるのか、何をするために来るのかということを生徒たちにしっかり考えさせ、一人ひとりに役割を与え、毎日の生活がきちんとできていることを確認しながら指導しなければならない。

そして【学校とは】の「学校」という部分を「野球」に置き換えると、それはまさに野球にも同じことが当てはまるのがわかるだろう。

さらに、高校野球の指導者は生徒たちの「見えないものを見抜く力」を養い、高校野球に取り組む人間（選手、指導者ともに）は「心構え」をしっかり持つべきである。「甲子園出場」「日本一」を目指すのが高校野球だとは思うが、指導者は何よりも生徒のことを第一に考える必要があるのだ。

【学校とは】をみんなで考える
――そこから見えてきた結論

前項でご紹介した【学校とは】で挙げた5つの定義を私は選手たちに考えさせて、それぞれにどのような意味があるか、そしてそれをどう解釈しているかを書かせた。それぞれに挙がった選手たちの考え、意見の一部をご紹介したい。

① 知識、教養を身につけるための学習の場

- 自分の将来に役に立つことを学ぶ場
- 知識、教養を身につけるために普段の授業を受け、社会人となったときに困らないようにすること
- 自分よりも多くの専門的な知識や社会人としての知識がある人、とくに先生からそのことを教えてもらう学習の場であるということ

②集団や組織の中でどのように振る舞うかを学ぶ場
- 友だち、先輩、先生などいろいろな立場の人とどう接するかを学ぶ場
- 自分のした発言や行動で、相手やまわりの人がどう感じるかを考えること
- 友だちとの付き合いやクラスの中でどのような態度、行動を取るべきかを考えて過ごすこと

③その中で自分のできることや役割を見つけることを学ぶ場
- 人とは違った自分にしかできないことや、得意なことを見つける場。集団の中でどの仕事をするか、どの位置にいたらいいかを考える場
- 自分で自分がいまやらなければいけないことを理解し、それを行動に移す力を養うこと
- 自ら率先して仕事や自分の役割を積極的に見つけ出し、まわりに頼らず「まず自分が」という気持ちを身につけること

④ わからないことをわかるようにするには、何を調べたらよいか、誰に聞けばよいかを学ぶ場

・困ったときに、どのように対処すればよいかを自分ひとりで考えるのには限界がある。いかに自分がまわりから支えられているかを感じる場

・恥ずかしいことではなく、人に聞くのは大事なことだと理解すること

・勉強で何を見たらわかるようになるのか、それとも先生や友だちに聞くのがいいのか、などを考えて最善の策を見つけ出すこと

⑤ 人生の答えはひとつではないことを学ぶ場

・自分で目指しているもののほかにも、自分にできることはたくさんあるということや、たとえひとつがダメでも自分の個性を生かせる場を探すことを学ぶ場

・将来の進路の選択など、どれが一番自分にとっていいのかを考えて判断すること

・学校にはたくさんの人がいる。人それぞれの考え方や捉え方、答えがあるので、自分の答えがすべてではなく、ほかの人の答えもあることを知る。何が正しいとかではなく、答えはたくさんあるということ

【学校とは】という問いかけに対し、選手たちに挙げてもらった意見、考えをまとめ、導き出したそれぞれの結論はこうなった。

① 自分が生きていく道を広げる。自分が生きていく選択肢の幅を広げる
※考え方が変わること→人生が変わる

② 互いを知る。人間関係を学ぶ。自分をわかってもらう
※互いを受け入れる

③ 己を知る。集団で自らの立ち位置を知る。自分の役目に気づく
※生きる術・道・方法に気づく

④ 自らの力のなさ、無力さに気づく。素直になる。無知（知識がない）、無智（知恵がない）、無恥（恥を知らない）を知る
※正しい判断力を身につける

⑤ だから…いまを生きる。全力でやる
※物事に正解はない。すべてに一生懸命

学校生活をしっかり行うことが、野球にもつながる。これがはっきり理解できたことが、その後の生徒指導においても私にはとても大きかった。

久次教授が提示した【学校とは】の5つの定義を、生徒たちにただ単に教えるだけでなく、その意味をみんなに考えてもらうことがもっとも大切だと私は考えている。多くの学びを私たちに与えてくださった久次教授には、改めてこの場をお借りして御礼申し上げたい。

北海の選手たちがガッツポーズをしないのはなぜか?

恩師である大西監督は、私たち選手に「相手チームに敬意を払い、感謝をしながら野球をしなさい」といつも説いていた。ガッツポーズする選手がいれば、大西監督は「そういった行為は慎め」とすぐに正した。

大西監督から受けたこの教えは、私が受け継いでいまも続けている。野球は1回から9回までを戦う。試合中は、良いときもあれば悪いときも絶対にある。その流れの中で一喜一憂することなく、最終的にゲームで勝って喜び、うれしさを感じなさいと選手たちにはいつも言っている。負けて悔しかったとしても、その負けを謙虚に受け止め、反省して次に進めばいい。

ひとつのプレーで一喜一憂すると、それが油断や勘違いにつながってミスをしやすくなり、大量失点のもととなる。逆境にあるとき、失点を1点でも少なくしていけば、それが終盤の逆転のチャンスの呼び水となる。だから試合中、劣勢にあったとしても「終盤にチャンスはきっと巡ってくる」と信じて戦えばいいのだ。

世の中を見渡しても、喜怒哀楽の激しい人は精神的な浮き沈みも激しい。これはひとりの人間だけでなく、チームにも同様のことがいえる。過度に喜びを表現するチームは、劣勢となったときにしんと静まり返ってしまう。逆境にあるとき、意気消沈してしまうのは弱いチームの典型といえよう。

「ガッツポーズをして何が悪いんだ。高校生らしくていいじゃないか」とおっしゃる人もいる。でも、私は「喜びすぎる人は、落ち込みも激しい」と考えている。だからこそ、精神的にもまだまだ未熟な高校生は派手に喜ぶのを控え、劣勢となったときの沈み具合を軽減させていく必要があるのだ。

「試合中に一喜一憂しない。相手を常に敬う」

この教えをしっかり体現してくれたのが、2016年夏に甲子園で準優勝を果たした世代である。

この代の主軸で、甲子園でも2本のホームランを放った川村友斗は、ガッツポーズしない理由をマスコミにこう答えていた。

「ホームランを打っても試合の中のひとつのプレーなので、まだ試合に勝ったわけではありません」

エース兼キャプテンで、チームの大黒柱だった大西健斗も、インタビューでこのように答えていた。

「一喜一憂せずにプレーすること。そうすることで、試合中の物事を冷静に見られたり、いいプレーにつながっていったりすると思います」

あのとき私たちは甲子園で5試合を戦い、校歌を4回歌うことができた。校歌を歌い終わると、大西は相手側ベンチに向かって深々と一礼してから、アルプススタンドへ駆けていった。彼は、この行為の理由を記者に問われてこう答えた。

「こうやって野球をやれているのは、相手あってのこと。相手がいなくては、試合はできません。敬意を持ってプレーすることを心がけています。それは平川先生に教わったことで、チーム全体に浸透していると思います」

この大会中、大西は相手打者を抑えてもガッツポーズや雄叫びを上げることは一度もしなかった。彼は、北海の教えをしっかり守り、甲子園という大舞台で実践してくれたのである。

あらゆるスポーツは、相手がいるからこそ成り立つことを忘れてはならないと思う。試合をすれば、必ず勝者と敗者が生まれる。

「相手チームに敬意を払い、感謝をしながら野球をしなさい」

これは、すべてのスポーツに共通した教えだと思う。

「我慢強さ」「根性」「勝利への執念」が「勝負至上主義」につながる

野球がうまくなるには、技術だけを磨けばいいかといえば、決してそんなことはない。よく言われることだが「心技体」をバランスよく鍛えてこそ野球がうまくなり、そういう選手が多ければ多いほどチームも強くなる。

近年、野球部の指導をしていると、我慢強さを持った選手が昔よりも少なくなってきているように感じる。きついメニューをこなすような場合でも「そのラインを越えれば体力も精神力も身につくのに」という一線を越えることができない。

「がんばる」

「きつくても我慢して続ける」

自分の体にかかる負荷を、精神力でカバーすることのできる選手がめっきり減ってしまった。

私は技術がなくても、いつもがんばって練習している選手をベンチ入りさせてあげたいと思っている。選手から「がんばればベンチに入れるんですか？」と聞かれたら躊躇なく「入れるよ」と答える。そして「チームの誰よりも一生懸命練習に取り組んでいる選手『あいつはがんばってすごく練習している』と誰もが認める選手ならば」と付け加える。

逆に技術がいくら高くても、練習にしっかり取り組んでいない選手、あるいは人間性がダメな選手は絶対にベンチ入りさせない。勝利だけを追求するのであれば、技術と結果だけにこだわればいいが、高校野球は「教育の一環」であるので「心技体」のバランスを考慮する必要がある。だからこそ、私は「一生懸命がんばっている選手」「我慢強く、無理の利く選手」を評価するのだ。

いまは「根性などいらない」という根性不要論が幅を利かせる時代である。でも、私は「根性」は大好きな考え方だし、高校野球にも必要不可欠なものだと考えている。何事も我慢強く、粘り強く続けるには根性が必要なのだ。

根性と同様に「絶対に勝つ」という勝利への執念も、私は欠かせないものだと思う。私はそれを、2023年春の神奈川遠征で感じた。

本校は春休み期間中に沖縄キャンプを行っているが、2023年はその帰路で関東に立ち寄り、横浜、武相、埼玉栄と練習試合をさせていただいた。その横浜戦で、私は勝利への執念がとても大事であることを再認識した。

横浜の選手たちは、試合前からきっと「北海道のチームにうちが負けるわけがない」と思っていたはずだ。でも、うちの選手たちもいい動きを見せ、序盤は接戦を繰り広げた。

横浜の選手たちにしてみれば、拮抗した戦いとなり「こんなはずじゃない。余裕で勝てる相手なのに」と感じていたと思う。すると中盤以降、横浜の選手たちは「ここぞ」という場面でこちらにも伝わってくるくらいの勝利への執念を見せ、高い集中力で得点を重ねていった。その結果、試合はうちの大敗で終わった。

試合後、横浜のベンチでは、村田浩明監督が勝利したにも関わらず厳しいトーンで選手たちとミーティングをしていた。私はうちの選手たちに「いいか、横浜はどんな相手でも〝絶対に勝つ〟という勝利への執念を持って戦っている。お前たちにあの執念があるか？ 貪欲さがあるか？ あの執念がなければ、全国レベルの戦いでは絶対に勝てないぞ」と話した。以降、選手たちが考えを改めた結果、その年の夏の甲子園で私たちは3回戦進出を果たすことができた。

本項で取り上げた「我慢強さ」「根性」「勝利への執念」。これらは、私が掲げる「勝負至上主義」へとつながっていく。いずれも、現代の子どもたちが失いつつある要素だからこそ、高校教育の中でしっかり教えていかなければならないと思っている。

「嫌なことから逃げない」が逆境を跳ね返す力になる

前項で、野球がうまくなりたいなら「心技体」をバランスよく鍛えていかなければならないと述べた。この考え方と同様で、何かひとつのことだけを集中して鍛えたり、磨いたりしても、勝利を手にすることはできない。

試合で好結果を残すには、いつも通りのプレーをする必要がある。しかし、当たり前のことを当たり前にこなすのは、実はとても難しいことだ。いつも通りのプレーをするには、普段の練習だけではなく、日常生活や学校生活においても〝常に平常心〟

を意識づけていくことがとても重要であろう。

私は、学校生活もグラウンド上も、結局は一緒だと考えている。学校生活をがんばれない選手は、グラウンドでもがんばれない。人間は、そんなに都合よく変われない生き物なのだ。

グラウンドに来たら整理整頓をするが、学校では？　家では？　どっちが本当の君なんだ？　と選手たちにはよく話をする。野球と日常を分けて考えている選手に、試合でいつも通りのプレーなどできるわけがない。

普段の生活にこそ、その人の本当の姿が表れる。グラウンドでだけかっこいいところを見せても、普段の生活がだらしなければ、試合ではそのだらしない部分が絶対に出る。これは、27年間高校野球の監督を務めてきた人間として断言できる。普段の生きる姿勢や態度、そういった「素の自分」が、どうしても試合に出てきてしまうのだ。

つまり、いつも通りのプレーをするために一番大切なのは「素の自分」＝「普段の自分」を鍛えることだ。そのためには野球だけでなく、普段の生き方、生活にも真剣に取り組んでいかなければならない。

嫌なこと、苦手なことから逃げてばかりの人間は、逆境にあるとき、あるいはプレッシャーのかかる重要な局面で本領を発揮することは難しい。

例えば、学校生活で得意科目は一生懸命やるが、不得意科目はまったくやらない生徒がいたとする。これを野球に置き換えれば、好きな練習はするが嫌いな練習はしないということになる。

人間誰しも好き嫌いはある。しかし「野球の技術練習は好きだから進んで取り組むが、トレーニング系の練習は嫌いなのでやらない」では、筋力も根性もつかないし、そのような選手にいつも通りのプレーなど望むべくもない。

チームで行っている練習に、無駄な練習などひとつもない。だから、自分の嫌いなことや不得意なことから逃げずに、それに向かっていく姿勢を保つことが「素の自分」を鍛えることにもつながる。

グラウンドをきれいにするのも、教室をきれいにするのもまったく同じである。楽しいことにも苦しいことにも、同じように前向きに取り組んでいくことが逆境を跳ね返す力になるのだ。

キャプテンにはいろんなタイプがいていい

先ほど、駒大苫小牧の夏の甲子園2連覇のときの林主将の話をさせていただいたが、彼は「キャプテンの中のキャプテン」と言っていい存在だと思う。そのリーダーシップでチームをまとめ、引っ張っていく。まさに理想のキャプテンだといえよう。

しかし、どのチームにも、どの代にも林主将のようなキャプテンシーにあふれる人間がいるとは限らない。いや、彼のような理想のキャプテンが現れるほうがむしろ稀であろう。

私が北海の監督となってから、この27年間を振り返ると、いろんなタイプのキャプテンがいた。林主将のようなリーダーシップでチームを牽引していくタイプもいたし、協調型、調和型のキャプテンもいた。後述するが、普段は口数少なく黙々と練習に取り組み、自分の背中を見せてチームを引っ張っていくようなタイプのキャプテンもいた。

ほかの学校では、選手間投票によってキャプテンを決めるチームも近年増えてきているように感じる。しかしうちでは、キャプテンはいつも私が決めている。選手たちから話を聞いたり、引退した3年生から意見を聞いたりすることもない。

候補者がなかなか決まらない場合、新チームとなってからしばらくの間は、キャプテン不在のままチーム作りをしていくこともある。いずれにせよ、私は自分が決めたキャプテンを途中で代えることはない。最終的には、すべて監督である私の責任として受け止めている。

なぜ私が、キャプテンを自分で選んでいるのか?

それは、選手間で選ばせると「自分たちに都合のいいキャプテン」を選ぶ可能性があるからだ。

選手たちはあまりきついことを言わない選手、誰にでも優しい選手をキャプテンに選ぶかもしれない。でも、私の思っているキャプテンは、そのようなタイプとは違う。とはいえ「こいつしかいない」と思うキャプテンがいる代もあるし、消去法で選ばざるを得ない代があるのも事実だ。

「どこか頼りないな」と思うようなタイプであったとしても「地位が人を作る」という言葉の通り、キャプテンを任せることによって、その選手自身が思わぬリーダーシップを発揮してチームをまとめ、いい結果を残してくれるときもある。こういったうれしい変化を見せてくれるのが、高校生のいいところでもある。

正直に言えば「選択をちょっと間違ったかな」と思う代もあった。でも、それはすべて私の責任である。そういった場合は、選手たちに不利益が生じないよう、私が最大限のフォローをしながらチーム作りをしていった。

2023年夏の甲子園で、3回戦に進出したときのキャプテンである今北孝晟は、リーダー気質でもなければ、特段声を張り上げるタイプでもなかった。

新チームが発足したとき「キャプテンは今北で行く」と指名した際、彼は「なんで自分なんだろう」と不思議そうな顔をしていた。

先述した神奈川遠征での横浜との一戦後、横浜の執念に驚いた今北はミーティングでチームの選手たちに切々と説いていた。

「練習試合だろうが公式戦だろうが、勝つ気持ちを持って戦おう」

「ヒットを打てなくても得点できる。どうやったら点が入るか、一人ひとりが考えよう」

普段は寡黙な今北が真剣に訴えたことによって、ここからチームは少しずつ変わっていった。その結果、春の全道大会、夏の南北海道大会を全勝しての甲子園出場につながったのだ。

今北は、キャプテンシーにあふれるタイプではなかった。でも彼は黙々と、どんな練習でも誰よりも一生懸命に取り組んだ。そんな彼のひたむきな姿を見て、ほかの選手たちは「自分たちもしっかりやらないと」と練習や試合に臨む姿勢を変えていった。

今北は強いリーダーシップのあるタイプではなかったが、自らの背中を見せることでチームを引っ張っていってくれた。こんなタイプの名キャプテンもいるのだ。

選手との関わり方で気をつけていること

高校野球に携わる若手指導者育成を目的として、２００８年に始まった日本高野連主催の講習会、それが「甲子園塾」である。

２０１６年に行われた甲子園塾において私は講師として招かれ、座学では選手の指導に関することを、実技ではピッチャーの練習方法（第４章で詳述）などをご説明させていただいた。

座学では、選手の指導に関していろいろとお話ししたが、その中で「選手との関わり方で気をつけていること」として10のポイントを挙げた。

①　叱るばかりではなく褒める
②　監督が叱る、部長は監督の真意を伝える
③　注意・指導の一貫性
④　悪口を言わない
⑤　指導している態度、仕方、タイミングが大切
⑥　能力以上のことを、期待したり要求したりしない
⑦　良いものを高く評価する（ちゃんと見てくれている）
⑧　好き勝手やらせない。放任と自主は違う

⑨　一人ひとりに常に関心を持っているということを伝える
⑩　厳しく叱ってもいい選手と、そうではない選手を見分ける

基本的には書いてある通りなのだが、補足説明すると、
②は、子育てにおける父親と母親の関係性に似ているかもしれない。両方が怒ってしまったら、子どもの逃げ場がなくなってしまう。だから、監督と部長がきちんとコミュニケーションを取っておく必要がある。逆のパターンももちろんあるだろう。
③は徹底するということ。ダメなものはダメ。一貫性がないと生徒が指導者を信じなくなってしまう。言われた生徒が納得できる状況を作る。
⑤は「いつもだったら怒るけど、いまはぐっとこらえて見守ろう」とか「普段は言わないけど、ここは強く言ったほうがいいかな」など、指導の仕方は押したり引いたりといった匙加減、タイミングが非常に重要である。
⑥は、生徒に対して期待はどうしてもしてしまうものだが、あまりにも大きな期待をかけすぎると、生徒がそのプレッシャーに押しつぶされてしまう。そうならないように、過度な期待、要求をしてはいけない。指導者にとっても、期待値が大きすぎる

と、それができなかった場合のショックの度合いが大きくなるので、過度な期待は禁物である。

⑦の良いものとはその生徒の長所のこと。チームでレギュラーになるのは野球の力がある選手だが、それ以外の選手にも良いもの（良いところ、長所）があればしっかり評価し、それを生かせる場所を見つけてあげる。

⑧については、野球にもこの社会にもルールがある。生徒の自主性を育むため自由にやらせるにしても、それはルールの中での自由である。「この枠の中でなら自由にやっていいよ」と枠の大きさ、形をしっかりと理解させるのも指導者の役割である。

⑨は組織、チーム全体を考えたときに、レギュラー（ベンチ）だけでなくベンチ外の選手にもしっかり目を配らなければならない。それが健全なチーム運営につながる。

⑩の叱ってもいい選手、そうではない選手を見分けないと、選手がもたない。選手それぞれの性格、個性などを見極めることが重要である。

ここに挙げた10のポイントは、野球に限らず、そのほかの部活、学校、あるいは会社の上下関係においても通じることだと思うので、みなさんにもぜひ参考にしていただければ幸いである。

怒りへの対処法

前項で述べた甲子園塾では、指導者の暴力、体罰に関しても数名の講師と受講者（若い指導者の方々）との間で意見が交わされた。

昭和の時代ならともかく、令和のいま指導者の暴力、体罰はご法度である。昭和の時代には許されたことであっても、いまは絶対に許されない。もちろん甲子園塾でも、指導者の暴力は絶対にあってはならないという結論に達した。

挨拶ができない、全力疾走をしない、いい加減なプレーをした、指導者に歯向かった……。普段から指導をしているときに、怒りを感じる出来事は多々起こるだろう。でも、そこで選手を殴ってしまったら、それは指導者の負けである。

一番肝心なのは、憤懣やるかたないときは選手に指摘すべきことはしっかり指摘して、その怒りをためないようにすることだと思う。

「怒りをためない」というのは「感情が赴くままに発散せよ」と言っているわけでは決してない。常日頃から何事に対しても「選手たちへの理由の説明」はしっかりしておかなければならないし、選手たちを納得させて取り組ませることが重要だと思う。その上で、いい加減にやっていたりしたら「それは違うんじゃないか」と指摘すればいいのだ。

どうしても手が出そうになってしまったときには、その場から離れて一旦心を落ち着かせて「どう伝えるべきか」を考えてから、改めて接するようにする。その際も、選手が絶対に言い訳できない正論を用意して対処すべきだ。

選手と指導者、お互いが納得できる指導法は絶対にある。それができないということは、自身の指導力に問題があるという事実にまず気づくべきだろう。

私の経験上、正論で話したほうが選手も納得してくれる傾向が強い。しかし、中には正論ではなく、感情で思いをぶつけたほうが選手に響く場合もある。これは昔から変わらないことだが「この人は親身になって自分のことを考えてくれている」と思うと、選手も心を開いてくれるものだ。

正論で話したほうがいいのか、それとも「俺はとても悲しいよ」と感情で伝えたほうがいいのか、それはその時々の状況と相手を見て判断しなければならない。ただ、いずれの場合も、選手と指導者の間にしっかりとした人間関係が築けているかが肝心だ。理解も信頼もない相手に正論を述べても、あるいは感情で物事を伝えても無意味であろう。

人としてあらぬ態度を取る選手を見て怒りを感じるのは、私にもよくわかる。喜怒哀楽を感じるのが人間なのだから、誰だって怒りは感じるし、感情すべてをコントロールできる完璧な人間などどこにもいないだろう。しかし、

「暴力、体罰はいけないこと」

それを理解していれば、そこから指導者としての、あるいは人としての進歩が始まる。瞬間的に怒りを感じてしまうのは、誰にでもあることなのでやむを得ない。だから、怒りを感じたときはその負の感情から少し離れ、俯瞰する感じでその負の感情を眺めるようにすればいいと思う。「なるほど、自分はいまこういう感情に囚われて、こういった状況にあるのか」とわかれば、負の感情をどうコントロールすればいいのかも見えてくるはずだ。

第4章

北海の野球と練習法

私たちは長い冬をいかに過ごし、
心身を鍛えているのか

野球部のスタッフ／部員数と施設・設備

本章では、北海の普段の練習内容やその意図するところ、長い冬にどのような練習をしているのかなど、野球部の具体的な話をしていきたい。

まず、当チームは次の４名のスタッフで運営、指導を行っている。

監督　平川敦
部長　立島達直（２００８年夏、甲子園出場時の正捕手）
副部長　村山嘉一（元・北海軟式野球部監督）
コーチ　川崎和哉（２０１１年、春夏甲子園出場時の二塁手）

現部長である立島は、２００８年夏の甲子園出場時のキャッチャーで、副キャプテンも務めていた。いまでは、私がやろうとしている野球の一番の理解者でもある。第5章で詳しくお話しするが、私の後任には彼がもっとも適していると考えている。

私はいままで社会科教諭として教壇に立ってきたが、学校側の配慮で担任を任されたことはない。他校では、野球部の監督をしつつ、担任も持っていらっしゃる先生もいる。そのような二足の草鞋を履いている監督さんたちは、本当に大変だと思うし頭が下がる。私が監督と担任を兼務したら、きっとやっていることすべてが中途半端になってしまうに違いない。

2024年6月現在の部員数は3年生22人、2年生19人、1年生27人の計68人。そのうち寮で暮らしている部員は29人おり、寮のキャパシティもあるので寮生は1学年10名程度となるように調整している。寮はグラウンドから徒歩10分、自転車なら2～3分程度のところにあり、月～土曜は朝晩の食事つき（昼は学校の学食か弁当を買う）である。日曜・祝日の食事はついていないので、寮生は自分で弁当を買うか、どこかに食べに行くかなどして対応している。

グラウンドは学校の横に野球部専用のグラウンドがあり、両翼91m、センターは112m（フェンスはラバー付き）。1909年（明治42年）に北海中が豊平区に移転したときから現在まで、野球部のグラウンドはずっとここである（写真①）。

いまでこそ、グラウンドの周辺には住宅街が広がっているが、昔は広大なリンゴ畑だった。ライト奥のフェンスの外には昔から一本の松が生えており、よく若松さんがバッティング練習でその一本松まで打球を飛ばしていたという逸話がある。

一塁側にある鳥かごは、試合をする際には相手チームのブルペン（3人）として使ってもらっている（写真②）。三塁側のブルペン（写真③）は4人が投げられる広さがあり、これはOBの阪口皓亮が人工芝などを敷いてくれた。一塁側にある得点板（写真④）は、鍵谷陽平が後輩たちのために作ってくれたものである。

ウエイトルームは、大学のトレーニングセンター（元は武道場）の一部（写真⑤）を利用させてもらっていたが、野球部専用のウエイトルームも最近新設された（写真⑥）。ここにある器具は、木村大成が寄贈してくれた。

一塁側の奥にある室内練習場（写真⑦）は、広さ40m×15mくらい。マシンを使ってバッティング練習をするなら、2か所で精一杯の広さである。冬場は、この室内練習場と学校の体育館（ほかの部活が使用した後、18時30分～21時まで。月・水・金の週3回利用）とウエイトルームなどで練習している（雪の積もったグラウンドではク

①1909年(明治42年)に移転したときにできた、北海伝統の野球部グラウンド

②試合をする際には、相手チームのブルペンとしても使用している一塁側にある鳥かご

③４人が投げられる広さがあり、阪口皓亮投手が人工芝などを敷いてくれた三塁側のブルペン

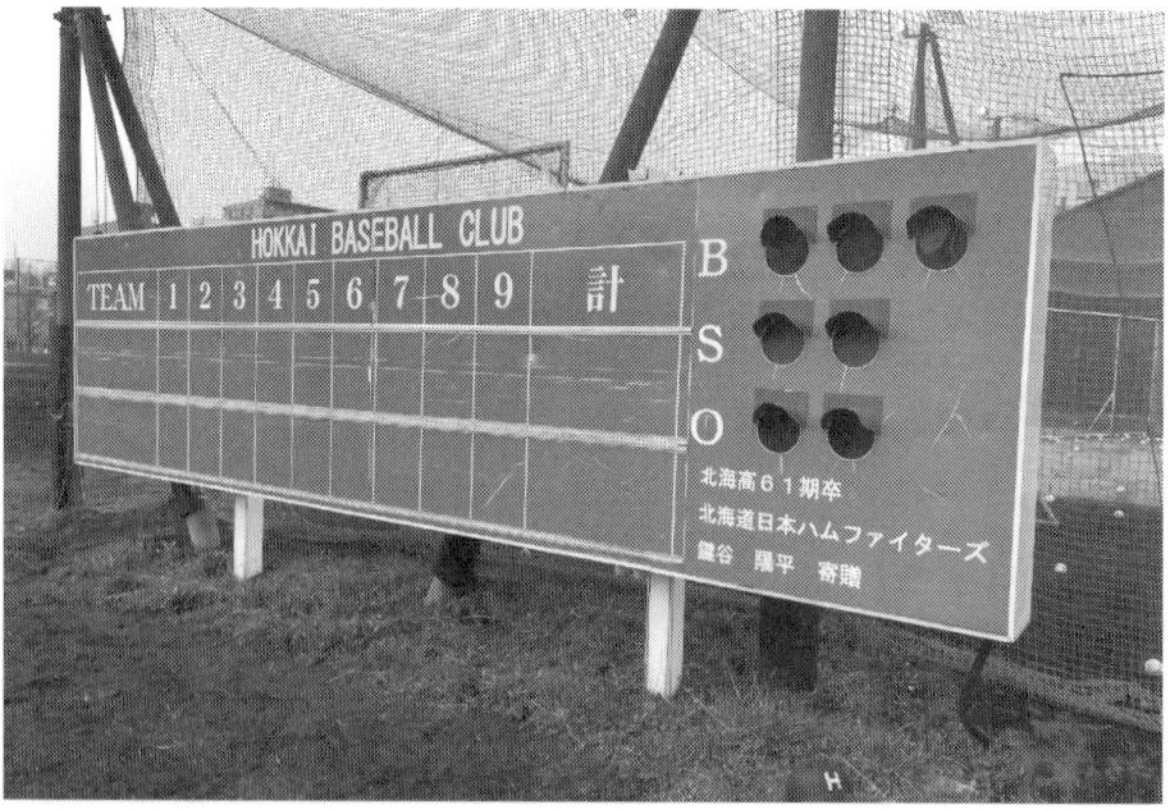

④鍵谷陽平投手が後輩たちのために作ってくれた、一塁側にある立派な得点板

⑤昨年まで使用していた、大学のトレーニングセンターの一部にあるウエイトルーム

⑥最近新設された野球部専用のウエイトルーム。器具は木村大成投手から寄贈された

⑦一塁側の奥にある広さ40m×15mくらいの室内練習場で、長い冬を過ごす

ロスカントリーなども行うが、それに関しては後述する）。

シーズン中とシーズンオフのスケジュールと練習内容

シーズン中の平日の練習時間は、次のように2パターンある。火・水が7時間授業（16時10分まで）なので練習の開始時間はやや遅れる。

月・木・金　15時45分から
火・水　16時45分から

シーズン中は日が暮れるまで練習する（だいたい19～20時）。内野を照らせる程度の照明はあるが、活動は20時までと決まっている。だから、遅くとも21時までには学校の敷地を出るのが鉄則である。

シーズンオフ（11～3月の冬期）は、先述したように体育館練習の日は21時まで練習ができるので、シーズン中よりも若干帰りは遅くなる。

シーズン中の土・日・祝日は、ほぼ練習試合と公式戦で埋まっている。シーズンオフの休日の練習時間は9～15時である（日曜はオフに設定しているので土曜、祝日のみ活動）。シーズンオフの休日は体育館が使えないため、室内練習場とウエイトルーム、グラウンドを使って練習する（冬の練習メニューに関しては後述）。

札幌では、3月いっぱいはまだ雪が残っており、グラウンドでの活動はできない。例年のパターンでは、4月の新学期が始まる頃には雪がとけ、グラウンドが使えるようになる。そういった理由から、春休み期間中に沖縄キャンプを行うのが毎年恒例となっている（センバツに出場しなかった場合）。

沖縄の国頭村で行うキャンプは、2008年から始めた。長く甲子園から遠ざかり、「何かを変えないといけない」と思い立って始めたものである。春休み期間中に6～7泊の期間で行い、全選手を連れていく。メインはあくまでもグラウンドを使っての練習で、長い冬を室内練習で耐え忍んできた選手たちに、グラウンドで思う存分暴れてほしいという思いが強い。キャンプ期間後半には実戦形式の練習や紅白戦などを行い、最終日に地元の高校（北山、宜野座、名護商など）と練習試合をして終了する。

シーズン中の平日の練習メニューは日によって異なるものの、練習開始時のアップからランニング、キャッチボール、トスは毎日行う。
トス以降の練習メニューは日によって違うが、オーソドックスな流れとしては、

- バッティング練習
- フィールディング（ノック）

を組み込む。守り勝つ野球がベースである北海としては、バッティングをしない日はあっても、ノックをしない日はない。

ノックほか、全体練習が終わるのは19時くらい（もっとも長い夏期、大会前で20時くらい）。ここで完全に練習を終了して片づけに入るパターンと、片づけた後に自主練に入るパターンがある（全体練習も自主練も20時で終了は変わらない）。ここから片づけ、掃除をして21時には完全に撤収するのがシーズン中の決まりだ。

やらされて行う練習より、自発的に取り組む練習のほうが身になるので、自主練もなるべく多く組むようにしている。自主練の内容は基本的に選手の自由。彼らに任せてやりたいことをやらせている。

新入生は教育係の2年生が指導
——まずは慣れさせることが重要

北海野球部に入部してくる新入生たちは、みなそれなりに志は持っている。しかし、一人ひとりがそれぞれ性格も能力も違うし、野球をある程度理解している子もいれば、あまりわかっていない子もいる。

能力的な部分で見ても、できる子もいれば、できない子もいる。そういった多様で、しかも入ったばかりの新入生たちに、最初から高いレベルのことを求めるのはあまりにも酷である。

私は新入生たちに「監督の平川です」と最初に挨拶くらいはするが、それ以外は野球部にうまく馴染んでくれるまで何も言わないようにしている。私の考え方や「北海の野球」というものを理解してもらう前に、まずは環境に慣れてもらう（学校と野球部の生活）ことが重要だと考えているからだ。

環境に慣れてもらうため、入部してからしばらくの間は2年生が教育係となって1年生を指導する。この教育係にしても、いまの時代はこちらが指導のつもりで言っただけなのに、それを「パワハラ」「モラハラ」に捉えられてしまうこともあり得る。だからそうならないように、教育係の人選にも細心の注意を払っている。

教育係に任命する2年生は面倒見がよく、下級生にしっかり指導、説明ができるのはもちろん、性格のいい子、周囲の人間から慕われるタイプを選んでいる。さらに、責任感があり、いろんなことに気づける、細かいところにも目が行き届く人間ならなおいい。例年だいたい3人を選出するが、レギュラークラスもいればレギュラーではない選手もいる。教育係に任命した選手たちには、先述したように新入生に「ハラスメント」として捉えられないよう、言い方や接し方には注意するようにと事前に必ず伝えている。

教育係にまず指導してもらうのは「野球部の中での役割」である。野球部にはどんな役割があり、その内容はどんなものなのか。掃除の仕方、道具を置く場所、練習した後のグラウンド整備など、プレー以外の細かいことを1年生たちにはいの一番に覚えてもらう。

こうやって徐々に環境に慣れてもらうことで、1年生たちは普通に生活できるようになっていく。友だちや先輩と会話ができる、練習ができる、日々楽しく生活が送れる。野球部の日常を理解してもらいながら、1年生にとって野球部と学校が居心地のいい場所になってくれればいいと私は考えている。

1年生はまだ基礎体力もないため、上級生たちと一緒に練習をさせることもしない。まずは走ったり、体幹トレーニングをしたり、ウエイトトレーニングの基本的な動き(重りはつけずにシャフトだけを持ってのフォーム作り)を覚えたりしてもらい、野球部で生きていく上での基礎の基礎を身につけてもらう。入部して1か月は、このような基本練習を徹底して行う。もちろん、練習が終わったら自主練などはさせずにまっすぐ帰宅させる。

ゴールデンウィークあたりになって、ようやく練習開始時のアップ、キャッチボールくらいは上級生たちと一緒にやるようになる。入部したての1年生は、普段の生活をこなすだけで手一杯である。だから彼らが自然に練習に溶け込んでいけるよう、十分に配慮してあげることがいまの時代にもっとも合ったやり方なのだと思う。

私が選手に求めること

――まずは「投げられる」ことが大前提

北海に入ってきた選手たちに私が求めるもの。その一番のポイントにしているのは「投げられるか、投げられないか」という点だ。

私は、野球部にいるすべての選手に「投げられる」ことを求めている。「投げたいところにちゃんと投げる」が私の「投げられる」の定義である。

野球部に入ってきた人間なら、ボールを投げることは容易であろう。だが、その中で私の求める「投げられる」ことを満たしている選手は意外と少ない。だから私は選手たちに、いつも「まずは投げられるようになれ」と口を酸っぱくして言っている。

有望な中学生がいたとしても、私がまず見るのは「投げられるかどうか」である。いくらバッティングがよくても、あるいはどんなに足が速くても、どんなに小技がうまくても、投げられなければ北海でレギュラーになるのは厳しい。私はこの「投げられる」ことをチーム作りの根本に据え、その上で守備力をつけ、機動力まで手を伸ばせるのであれば足と小技を駆使するなどして、その代ごとの特徴を生かしながらチームとしての総合力を高めていくようにしている。私が理想のチームとしてイメージしているのは、夏の甲子園2連覇を成し遂げた頃の駒大苫小牧に近い。

「投げられる」ことに関して、野手であれば「肩の強さ」ももちろん大切な要素となってくるだろう。外野手なら、肩は強ければ強いほどいい。

だが、これは内野手にもピッチャーにもいえることだが、どんなに肩が強くても、どんなに速い球を投げようとも、コントロールがなければ野球にならない。とくにピッチャーは腕の振りだけでなく、コントロールを司る指先の感覚に優れていることが求められる。

私がピッチャーに求めている最低条件は、次の3つである。

- 18・44mが届く
- ストライクが取れる
- 出力

150キロの剛速球を投げることができても、ストライクが取れなければ意味がない。また、ピッチャーには下半身で生み出したパワーを、上半身にうまく伝えていく「理にかなった投球フォーム＝出力」も必要だ。

うちの選手たちには「ちゃんと投げられないと、試合には出られないよ」といつも話している。つまり、北海でレギュラーになるには「投げられる」ことが大前提であり、その次に自分のストロングポイントは何なのかを考え、それを磨いてもらうようにしているのだ。

冬独自の異種スポーツ練習

本校は、先述したように11月からシーズンオフとなる。12月にはグラウンドにも雪が積もり、その雪がとける3月下旬～4月上旬まではグラウンドでボールを使った練習はできない。

北海道のチームが本州のチームと渡り合うには、シーズンオフの5か月をどう過ごすかにかかっていると私は考えている。北海道のチームでも、やりようによっては本州の強豪と十分に戦えることを、香田監督率いる駒大苫小牧が私たちに示してくれた。「北海道は雪が積もるので、グラウンドで5か月間も練習できない」と嘆いているだけでは、ハンデがハンデのままで終わり、チームの進化はない。私はこのハンデをアドバンテージに変換すべく、冬にいろんなスポーツや競技を取り入れて、選手たちの身体能力アップ＝チームの進化につなげている。

冬は1・2年生が3班に分かれ、屋外ではクロスカントリーを、室内練習場ではバッティング練習やゴルフ（プラスティックのボールを打つ）を、ウエイトルームでは筋力トレーニングなどを行う。体育館が使えるときはテニス、卓球、バドミントン、バレーボール、バスケットボールといったほかの競技に取り組むこともよくある。

クロスカントリーは、グラウンドに「8の字」型のコースを設定して、そこを滑る。狙いとしては、全身運動をして心肺機能を高めることがひとつ。さらには何種類かの滑り方をさせて、全身をくまなく鍛えられるようにするのがひとつ。主な滑り方としては、

・レッグランジをしながら滑る（下半身の柔軟性と筋力を鍛える）

・手推進＝ストックの力だけで進む（腕と肩甲骨まわりを鍛える）
・スケーティング＝足だけで滑る（股関節を鍛える）

これ以外にもいろんな滑り方を取り入れ、体の各部位を鍛えて意味のある練習にしている。こういった基本トレーニングに加え、みんなでリレーや競争を行ったりすることもある。

室内での練習では、スケートの「スライドボード」も使う。スライドボードで横に滑る動きは、股関節まわりを中心とした下半身の強化に最適である。

ゴルフやテニス、卓球は野球で打つときの体の使い方を、バドミントンやバレーボールは投げるときの腕の使い方を、それぞれ体で覚えてほしいので行っている。第2章で少しお話ししたが、すべてのスポーツはそれぞれに通じている部分がある。私は、他競技から自然な動き、理にかなった動きを学ぶことはとても大切だと考えている。

また、体育館には天井から吊るされたロープがあるので、それを使って綱のぼりも行う。綱のぼりは、野球には直接関係のないトレーニングかもしれない。でも、綱のぼりを上手にするには手足の使い方にコツがあり、遊び感覚でこういった体の動かし方のコツを覚えるのは、外で遊ばなくなった現代っ子たちの身体能力の向上に欠かせないポイントだと思う。

2023年夏の甲子園で3回戦進出を果たした代のシーズンオフには、体育館でひたすらシャトルラン形式のダッシュを繰り返した。バスケットコートを1分以内に5往復、これを10本。しかも、全員が走り切らないと終わらない決まりにした。

このときのメンバーは、野球以前に精神力を鍛えなければならなかった。だから心身ともに負荷のかかるメニューを選手たちに与え、体を鍛えるのと同時に精神的なたくましさ、タフさを身につけてもらおうと私は考えたのだ。

体ができれば技術も進化する。心ができれば体も技術も進化する。私は「心技体」すべてはつながっていると思うので、あのときのチームには「厳しさ」が必要だと考えて「体育館ダッシュ」を導入した。

このように、毎年シーズンオフには異種スポーツを日々の練習に取り入れつつ、さらにはその代に足りないものを補い、チームを強くするために必要なメニューを考えるようにしている。

冬に体を鍛え、食で体を大きくする

シーズンオフのランメニューには、長距離走を取り入れることもある。一番多いのは、近くにある豊平川の河川敷を走るパターンだ。時間にして長くても30～40分。スタート地点から今日は橋1本目まで、明くる日は橋2本目までなどと距離を延ばしたりもする。

北海の冬の名物として、円山球場近くの山まで行き、そこを走って帰ってくるというランメニューもある。山までの往復は片道30分ほどかかり、山に着いてからも坂道や階段などがある道を周回する。これは私の現役時代にも行われていたもので、結構きついが下半身を鍛えて心肺機能を向上させるには最適である。

ちなみに、シーズン中はこのような長い距離を走ることはあまりない。長くてもグラウンド1周のミドル走。1周300m弱のところを1分で走り切る。インターバルを入れながらこれを5本程度行う。投手陣は野手とは別に、自分たちでPP（ポール間走）をよくやっている（10本程度）。練習試合のイニングの合間などに、登板のないピッチャーがPPをしていることもある。

前項で、冬の練習にはいろんな競技を取り入れていることをご説明したが、シーズンオフは筋力をつけ、体を大きくすることも重要なテーマのひとつである。

ウエイトトレーニングには週に1～2回、専門のトレーナーが来て選手たちに指導してくれているほか、立島部長がウエイトトレーニングに詳しいので、トレーナーが不在のときは彼が選手に指導している。

シーズンオフに筋力トレーニングをみっちり行って筋肥大を促し、シーズン（春）が近くなってきたら瞬発系を鍛えるメニューに転化して開幕に備える。これが、北海の基本的なウエイトトレーニングの考え方である。

食事に関しては、年に何回か栄養士の方に来ていただいて、選手や保護者に講習を行ってもらっている。寮生は寮の朝晩の食事で、自宅から通っている選手は保護者のみなさんにご協力いただきながら体作りを行う。筋肥大を狙っている冬に、選手自身が自覚を持って、どれだけ効率とバランスのいい食事を取っていくかが肝心なのだ。

シーズンオフの期間中は、定期的に筋力や身体の測定なども行う。具体的には身長、体重、体脂肪率、除脂肪体重、ウエイトトレーニング（ベンチプレス、スクワット、デッドリフト）の測定値などをまとめる。ウエイトトレーニングの重量に関しては、体重に対しての目標値を設定して各自がそれを目指す。このように定期的に測定を行うことで、それぞれに自分の成長を感じながら、目標値クリアに向かって取り組んでもらうようにしている。

これらのトレーニングと食事などの相乗効果によって、ひと冬を越えると選手は劇的に変わる。肉体はひと回り大きくなり、ピッチャーは球速が上がり、バッターは飛距離が伸びたり打球が速くなったり……。指導者として選手たちの成長を感じるのは、どんなときでもうれしいものである。だから私は選手以上に、グラウンドが使えるようになる4月を毎年楽しみにしている。

「コンパクトにフルスイング」でミート力の向上を目指す

――野球は肘先でやるスポーツ

2024年の春から、新基準のバット（いわゆる低反発バット）が導入されることになり、私たちはその前年秋の明治神宮大会から自発的に低反発バットを使って試合に臨んだ。

本州の学校とは異なり、私たちは冬に屋外でフリーバッティングの練習ができない。だから少しでも低反発バットの感触を知っておくために、あえて正式に導入される前から使用したのである（低反発バットの導入で、高校野球がこれから先大きく変わっていく可能性もあるが、そのことに関しては次章で詳しく述べたい）。

センバツに備え、冬の間も徹底して低反発バットを使って室内でのマシン打撃やティーバッティングなどを行った。例年、冬は竹バットや木製バットを用いて打撃練習を行うのだが、今回のシーズンオフは一切用いず、低反発バットのみで練習した。

低反発バットは、芯に当てる技術がないといい結果には結びつかない。だから、このバットを使いこなせるようになるには相当な時間を要する。センバツでは大阪桐蔭と対戦して負けたが、あの強力打線をもってしても低反発バットは使いこなせていなかった（私から見て、以前までのバットなら3～4本は柵越えされていたと思う）。

とはいえ、野球の目的やバッティングの目的は「遠くに飛ばす」ことではない。だから飛ばないバットになったからといって、遮二無二《しゃにむに》遠くに飛ばそうと考えて努力するのはちょっと違うと思う。野球はまず塁に出るのが目的なのだから「どうやって塁に出るか」を第一に考えていかなければならない。

バッターが打って出塁するには、野手のいないところに打球を飛ばせばいい。だから遠くに飛ばすのではなく、その代わりにミート力を磨く必要がある。

私は「野球は肘先でやるスポーツ」だと思っている。投げるためには肘先が重要な役割を果たしているように、バッティングのミート力にも肘先の力、器用さが求められる。ただ単にバットを振り回しているだけでは、ミート力は上がらない。

「ボールをいかにバットの芯で捉えるか」

ミート力を上げるポイントはここにあり、それを実現させるためにはバットのヘッドを自分の手のように扱える技術を身につける必要がある。本校の選手たちは、いま「芯に当てて、低く、強い打球を打つ」をモットーに日々のバッティング練習に取り組んでいる。

バッターに「バットを短く持て」と指示するのは、バットの操作性をよくしてミート力を上げたいからだ。しかし、チーム内には「長打を打ちたい」「遠くに飛ばしたい」という思いが強い選手も多く、バットを短く持つことに難色を示す者もいる。

だが、野球は個人競技ではなく、団体競技＝チームスポーツなのだ。1番から9番まで、それぞれの打順、バッターには役割というものがあり、その役割に即したバッティングを求められるのが野球という競技なのである。

チームには、体の大きな選手もいれば小さな選手もいるし、パワーのある選手・ない選手、足の速い選手・遅い選手などいろんなタイプの選手がいる。メジャーリーガーの大谷翔平選手に憧れて、パワーのない選手が大谷選手と同じようなスイングをしても、ホームランを打てる可能性は低い。だから、私は選手たちに「自分の適性、生きる道を考えてやっていかないと、試合には出られないし結果も出ないよ」といつも話している。

1番バッターに据えた選手が、4番バッターのようなバッティングをしていたら、私は次からその選手をベンチから外す。1番バッターに求められるのは「塁に出ること」だ。バットコントロールができて、さらにボールをしっかり見極める力があれば、出塁できる可能性は高まる。試合に出たいのであれば、このようにそれぞれのバッターにはいろんな役割が求められていることを理解しておくべきだろう。

そもそも「バットを長く持てばホームランが打てる」というのは幻想に近い思い込みだ。ホームランの世界記録を持ち「世界の王」と呼ばれた王貞治さんも、現役時代はバットを短く持っていた。西武ライオンズや読売ジャイアンツで活躍した清原和博さんもいつもではないが、バットを短く持って打席に立つことがたびたびあった。

よく言われることだが、ヒットの延長線上にホームランがあるのであって、狙ってホームランを打とうと思って打てるのは、3度の三冠王に輝いた落合博満さんのような神業ともいえる卓越した技術を持ったバッターだけである。そこを勘違いしてはいけない。

2011年に本校が春夏連続で甲子園に出場したとき、3番バッターを務めていた松本桃太郎というOBがいる。彼は卒業後、仙台大に進み、仙台六大学野球のリーグ通算最多安打記録を更新した（彼の記録した１２０本はいまだに破られていない）。彼は30歳を過ぎてなお、社会人野球のホンダ鈴鹿で現役を続けている。

松本が本校に顔を見せてくれた際、選手たちに「コンパクトにフルスイング」という助言をしてくれたことがあった。高校野球では「短く持ってコンパクトに振れ」という言葉を選手たちにかけがちだが「コンパクト」という言葉には「小さい」というマイナスのイメージをどうしても持ってしまう。そんなネガティブな表現を、松本は「フルスイング」という攻撃的な単語を合わせることによって、ポジティブさを感じさせる言葉にしてくれた。だからそれ以来私も、選手たちにコンパクトに振ってほしいときには「コンパクトにフルスイング」と伝えるようにしている。

ピッチングの基本
——スムースな体重移動をするための練習方法

本項では、ピッチングの基本に関してご説明したい。ピッチャーがボールを投げる準備（足を踏み込むまで）として、私は次の4点をポイントにしている。

①両足に均等に体重を乗せ、低い重心で立つ
②足を上げたとき、軸足（右投げなら右足）は指で地面をつかむ
③足を上げた後に、軸足の膝を少し曲げて体重をかける。膝を曲げすぎると力が逃げてしまうので注意
④腹筋に力を入れることによって、体に安定感が出てくる。力が逃げない

さらに、ここからは足（右投げなら左足）を踏み込んでから投げるまでの動きのポイントを挙げたい。下半身にためたパワーをボールにしっかり伝えるには、次の3つが重要となってくる。

①上げた足をしっかりキャッチャー方向に踏み込む（※体重移動の練習方法については後述）
②踏み込む足は踵から着地せず、足全体（膝が割れないように内側部分からの着地

を意識）で。踵から着地すると爪先が開きやすくなり、フォームが横にブレてしまう

③　体が早く開かないように、グローブをしている腕で肩の開きを抑える

足を上げ、しっかりためたパワーを前に送るためには、①の「上げた足をしっかりキャッチャー方向に踏み込む」動き（体重移動）がとても大切である。スムースな体重移動を身につけるために「踏み込む際に軸足でキャッチャー方向に高くジャンプする→逆の足で着地する」という動きを反復練習するようにしてほしい。

球威のあるボールを投げるには、軸足の足の裏でつかんだパワーを膝、股関節と順番に伝えていかなければならない。足を上げた時、そのまま軸足で地面を蹴り、キャッチャー方向にポンと飛んで逆の足で着地する。これを繰り返すことで、よりスムースな体重移動ができるようになるはずだ。

また、補足として、腕の振りの加速についてもお話ししておきたい。テイクバックからリリースまで、腕の振られる距離が長ければ長いほど加速距離が伸び、ボールの球威は増していく。このとき、体の開きが早いと上体が前に突っ込んでしまい、加速

距離が短くなる。

加速距離を伸ばすためにも、足を真っ直ぐに踏み込むことと、体が早く開かないようにグローブをしている腕で肩の開きを抑える、という動きを常に意識することが重要である。

変化球の投げ方

私が現役だった頃は、変化球といえばカーブが主流だった。しかし、近年はカーブを投げるピッチャーはめっきり減り、スライダーやチェンジアップを投げるピッチャーが増えている。

カーブは、ボールと手の平にある程度の隙間を作って投げる（要は浅く握って投げる）。近年は中学で硬式をしている選手も多く、硬式はボールの大きさが大人と同じである。だが中学生は、まだ大人のように手が大きくない。だから、どうしてもカーブのような浅く握る変化球より、深く握って投げるチェンジアップのような球種が増えているのだと思う。中学の軟式野球も、2019年からは大人と同じボールのサイズとなったため、その傾向はより強まっている。

カーブは、深く握りすぎると投げにくくなる。また、カーブやスライダーを投げるときに重要なのは、中指ではなく「人差し指で回転をかける」という感覚である。ちなみに、スローカーブを得意球としていた元・中日ドラゴンズの今中慎二投手は「浅く握っているから、腕を強く振っても遅いボールが投げられる」と話していた。

うちの投手陣には「変化球はキャッチボールをしながら、遊び感覚で試しなさい」といつも言っている。同じ球種にしてもいろんな握り方、手首の使い方、腕の振り方がある。自分にもっともふさわしい握り方、投げ方は何なのかを探るのは、キャッチボールをしているときが一番いいと思う。

また、ピッチャーの変化球を生かす上で、キャッチャーの声がけもとても重要であることを付け加えておきたい。

ピッチャーは、変化球を投げるとき「曲げたい」「落としたい」と思って投げている。だからキャッチャーは、捕った変化球があまり曲がっていなかったとしても、間違ってても「曲がってないよ」などと言ってはいけない。そのような言い方をしたら、ピッチャーは「この変化球は使えないな」と勝手に判断してしまうことになる。

キャッチャーの想像より変化が少なかったとしても「曲がってない」「落ちてない」という表現ではなく「ちょっと動いているよ」と言ってあげるようにしてほしい。実際試合になれば、そんなに曲がってなくても打ち取れるケースは多い。だから、キャッチャーから見て「あまり曲がってないな」と思っても、その変化球にちょっとでも動きがあるのであれば試合で試してみる価値はある。変化球の考え方で肝心なのは、バッターから空振りを取ることではなく、バットの芯を外して打ち取ることなのだ。

ピッチャーは、どうしても球速や三振にこだわってしまう。それは、私もピッチャーをしていたのでよくわかる。しかし、140キロのストレートを投げることができても、ストライクが入らなければそれは無用の長物で終わってしまう。

「失点が少ない」「調子の良い、悪いに関わらず、どんな状況でも平均的に抑えてくれる」というピッチャーが「良いピッチャー」だと評価されるのだ。調子の良いときは、誰でも良いピッチングはできる。調子の悪いときに、どれだけ最少失点でしのげるか。そこが良いピッチャーと悪いピッチャーの分岐点だと思う。

よく「あのピッチャーはリズムが良い」と表現するが、ピッチャーのリズムが良いと野手のリズムも良くなり、必然的にエラー数も少なくなる。逆に、ピッチャーのリズムが悪いとエラー数は増える。「俺が投げるときはエラーが多くなるな」と感じているピッチャーがいるとしたら、それは自分のピッチングのリズムの悪さが影響していると理解すべきであろう。

リズムの悪いピッチャーの典型は、四球が多い（四球数が少なくてもフルカウントになることが多い）、一球一球投げるのに間が長い、などが挙げられる。リズムの良いピッチャーになりたいなら、すべてこの逆をやるようにすればいい。

私がいままで見てきた「良いピッチャー」は、察する力に優れ、抜くときと力を入れるときをバッターの力量に合わせて組み立てていた。球威がなくても、あるいは多彩な変化球を持っていなくても「勝つピッチング」はできる。ピッチャーをしている選手たちには「どうすれば負けないピッチングができるのか」というピッチング道を突き詰めていってほしい。

北海の伝統は「守備からリズムを作る野球」

野球界では「バッティングは水物」とよく言われる。プロ野球でも、3割打てば好打者とされている。つまり、10回中7回失敗しても評価されるのである。これが守備だったらどうだろうか？　10回中7回もエラーしていたら、とてもではないが試合にならない。

バッティングで10割を目指すことはほぼ不可能だが、守備は10割を目指せる。私たちは接戦を勝ち抜くために「守備からリズムを作る野球」をモットーとして、基本の習得に重点を置き、日々の練習に取り組んでいる。

先述したように、北海道ではグラウンド全面を使っての練習期間は4～10月に限られている。その限られた時間を有効に使うため、シーズン中の守備練習では実戦形式のノックを多く取り入れ、守備の基本的な動きはシーズンオフにみっちり行い、各選手の体に染み込ませる。個別のノックなども全体練習時には滅多に行わず、そういった個人的な練習は全体練習終了後の自主練でやってもらうようにしている。

シーズンオフの守備の基本練習では、股割りや基本姿勢から始まり、手の添え方、ボールへの入り方、捕ってから送球までの足の運び方まで徹底的に反復する。

最初はボールを地面に置いて、それを捕りにいきながら基本の動きを覚える。それができるようになったら緩いゴロを転がしてもらい、捕球→送球を繰り返す。その次にやっとノックとなるが、はじめは正面の緩いゴロをひたすら受けるのみ。このように地道な作業を繰り返しながら、私たちは理想とする「守備からリズムを作る野球」を目指している。

バッティング練習をしない日はあっても、守備練習をしない日はないと先述したが、シーズン中はノックにもっとも多くの時間を割く。

ノックはシートノック、ケースノック、投内連携ノックなどがメインで、その中でもケースノックは徹底して行う。

ケースノックはノーアウト・ランナーなしから始まり、ランナー一塁、二塁、一二塁、一三塁、二三塁、満塁、次は1アウトでランナーなしから、それが終わると2アウトの設定でと、すべてのケースを想定して、ちゃんとランナーもつけて行う。

立島部長が現役だった15～20年ほど前までは、ケースノックを4～5時間はやっていた。最近は私も50歳を越え、さすがにそこまではできなくなってきたが、それでも最低3時間はノックを打ち続ける。毎日そこまでチームを追い込まないと、私たちの目指す「守備からリズムを作る野球」には到達できないのだ。

ノックバットでスイングの基本を身につける

個人練習で置きティーなどのティーバッティング練習は行うが、全体練習の中でティーバッティングはあまりやっていない。

シーズンオフによくやっているのが「1分間で40本」の早打ちティーである。60秒で40本なので、1・5秒の間にひと振りする。通常はこれを4セット（160スイング）、さらに1セットずつ違うバット（4種類のバット）を使って行い、640スイングはするようにしている。

4種類のバットは長尺、マスコット、竹、軽い竹の4つ。1分×4セット×4種類のバットで、振っている時間はひとり16分。これは、時間をかけずに多くの数を振らせたいときに、とても有効な練習である。これをより効率的にすべく、室内練習場（早打ち）とウエイトトレーニングで班を分け、交代制で行っている。

また、シーズンオフの室内練習場では、裸足でティーバッティングをさせることもある。普段の室内練習場でのティーバッティングは、アップシューズで打席にマットを敷いてその上で打つ。では、なぜ裸足にさせるのかといえば、選手たちのティーバッティングを見ていて「ちゃんと足の裏と指を使い、地面をつかむ感覚で打っているのかな」と疑問に感じたからである。

近年のシューズはグリップ力が高く、足の裏の使い方をさほど意識しなくても下半身のパワーを出すことができる。そこで選手を裸足にして、足の裏を使えているか？足の指もちゃんと使い、地面をつかんでバッティングができているか？　それを確かめてみたのだ。

案の定、足の裏をちゃんと使えていない選手が相当数いた。足の指が使えていない典型例は軸足の小指が浮いていたり、それ以外にも足の指先がどこか浮いてしまったりしていた。そのことを選手に指摘すると「そこまで意識したことがありませんでした」とみんな一様に驚く。

「この選手は、いまひとつ下半身の力がうまく使えていないな」と思える選手には、裸足でティーバッティングをさせてみるといいと思う。

また近年、本校ではバットスイングの基本を身につけてもらうために、ノックバットを使った練習も取り入れている。私自身、昔から「ノックを打つのは、絶対にバッティングに生きるな」と思っていたし、クラーク国際の佐々木啓司監督（駒大岩見沢の監督時代には何度も甲子園に出場した名将である）も「選手にノックを打たせると、バッティングがよくなるぞ」とおっしゃっていた。

ノックバットを使った練習方法はいろいろあるが、フリーバッティングなどをしている際、別の場所で外野ノックを打たせることが多い。

「目一杯、フルスイングで遠くに飛ばせ」と言うときもあるし、外野に目印（コーンやネットなど）を置いて「あそこに打て」と狙って打たせるときもある。内野ノックのように、ゴロで狙って打たせることもある。

ノックバットはヘッドに重心があるので、ヘッドをしっかり走らせないと打球が飛ばない。遠くに飛ばそうと力いっぱい振っても、体が開いてしまったらヘッドが走らず、スライスの軌道となって遠くには飛ばせないのだ。

また、狙った場所に打つには、ボールを捉えるポイント、ヘッドを走らせるスイング、下半身の使い方、それぞれが正しくできていないといけない。ノックバットを使えば、飛ばすコツを覚えるだけでなく、バットコントロールの技術を磨くこともできるのである。

ノックバットには長め、短め、金属、木製などいろいろな種類がある。選手の練習では、このすべてを打たせてみる。総じて言えるのは「バッティングのいい選手は、ノックもうまい」ということだ。だから、バッティングにクセのある選手のスイングを修正するのにも、このノックバット練習はとても有効だと私は考えている。

走塁は技術練習
——全力疾走を怠るな

ここまでご説明してきたように、本校での練習の優先順位の筆頭は「守備」である。その次にバッティングがくるので、走塁はどうしても後回しになりがちだ。ケースノックの際、守備についていない選手たちにランナーをしてもらうのだが、この実戦的な走塁が唯一日常的に行う走塁練習といえるかもしれない。

走塁に関して、私は次の事項を「走塁の基本」として必ず選手たちに伝えている。

①　走塁は技術練習。技術を磨けばタイムは縮まる。わずか30センチの差でクロスプレーがクロスプレーではなくなる

②　ランナーに出たとき、次の3つを頭に入れておく

・アウトカウント

・イニング
・得点差
③　全力疾走を絶対に怠るな
④　ベースの腹を踏み、加速の道具にする

この基本を頭に入れた上で、オーバーランの際のベースへの入り方（蹴り方）、コース取りの練習等を行っている。

今年（2024年）から低反発バットが導入されたため、得点を増やすにはより高度な走塁技術が求められることになる。来る夏に向けて、例年以上に走塁練習は行っていく予定だ。

走塁の基本の③で述べた「全力疾走を怠るな」は、とても当たり前のことのようだが、実践できている選手は意外と少ない。普段の練習から「全力疾走」を徹底していないと、肝心の公式戦でチーム全員が、常に「全力疾走」を実行することはできない。もちろんピッチャーであっても、どんなときも全力疾走である。

うちでは練習試合、公式戦を問わず、内野ゴロを打ったときの「バットに当たった瞬間から一塁到達まで」の全選手のタイムを計っている。

するとおもしろいことに、普段の練習から何事にも一生懸命に取り組むタイプの選手は、この一塁駆け抜けタイムが一定している。ところが、練習ですぐに手を抜くようなずるい選手は、タイムにばらつきが出るのだ。このような選手は、内野安打になりそうなゴロは一生懸命走るが、内野手の正面を突いたようなゴロだと「アウトだ」と勝手に判断して、力を抜いて走っているからである。

全試合のサンプルを取っているので「力を抜いたな」と思われるタイムを出した選手には、私はその数値を示して「走れないのだから走りましょう」と厳しいランメニューを与える。選手のほうも、明らかに数値として表れてしまっているので、私に言い訳も反論もできない。

送りバントの目的は、ランナーを送ることである。だから、バントをして「転がった」と思ったら安心して抜いて走る選手がたくさんいる。しかし、野手がエラーをしたら自分もセーフになる可能性は大なのだ。そこでの生死が、試合の勝敗を分けることになるかもしれない。「ああ、あのとき全力疾走しておけばよかった……」と後悔しても後の祭りだ。私は選手にもチームにも、そんな後悔は絶対にしてほしくないので、常に全力疾走を徹底しているのだ。

練習試合は道内の高校がメイン
——夏休みには本州の強豪とも

シーズン中の休日（土・日・祝日）は、練習試合か公式戦でほぼ予定は埋まっている。練習試合を行う際は、Aチームがホームで、Bチームが遠征に出るというパターンが多い。

春休み中に行う沖縄キャンプ以外、道外に出る地方遠征は滅多に行わない。道内の遠征にしても、4月と6月に旭川遠征（日帰り）を行うくらいで、それより遠くへの遠征は宿泊となって費用もかさんでしまうので近年は行っていない。旭川周辺の強豪校と練習試合を行うのは、夏の大会でエリアが異なり（旭川は北北海道）、対戦することがないからである。

ちなみに、2024年上半期の練習試合は、次の通りである。

3月2日　木更津総合　※センバツ前に東京で対戦していただいた
3日　帝京　※同右
11日　滋賀学園　※センバツで大阪入りしてから行った
12日　大商大堺　※同右
13日　八幡商　※同右
14日　高野山　※同右
15日　上宮太子　※同右
16日　精華　※同右
4月6日　白石
20日　北海道栄
21日　旭川遠征（旭川工、旭川志峰）
27日　鵡川
29日　札幌国際情報、釧路工
5月3日　滝川西、苫小牧工

4日　クラーク国際、旭川実
5日　稚内大谷、創成
19日　札幌日大
6月1日　北星学園大付
2日　大谷室蘭
8日　旭川遠征（旭川工、旭川志峰）
9日　クラーク国際

4月29日から5月5日までのゴールデンウィークに対戦する学校は、クラーク国際以外は例年同じで恒例となっている。

また、夏休みには慶應義塾や健大高崎、三重・海星などが北海道遠征でやってきた際に対戦（各校とも甲子園に出場していなければ）していただくのだが、本州の野球を知る上でも毎回とても勉強になっている。

進路という「出口」の選択肢を増やすことも重要

以前は人材集めのために中学生の視察なども私が頻繁に出向いていたが、3年ほど前からそのほとんどを立島部長に任せている。

視察は道内が中心で、本州に赴くことは滅多にない。そもそも、本州の中学生が海を越えて本校まで来てくれることは、いまでは非常に稀である。だから近年は、道内の中学生にターゲットを絞って視察を行っている。

私は「入口（人材集め）」よりも、よく言われる「出口（進路）」のほうに重きを置いてチーム運営をしてきた。出口がしっかりしていれば、優秀な中学生たちが本校を選んでくれる可能性も高まると考えているからだ。

毎年、野球部の卒業生は20名ほどおり、ほぼすべてが大学進学でそのうち7〜8割が硬式野球を続ける。近年、進学先で一番多いのは系列の北海学園大である。

実力があり「野球で勝負をしたい」と考えているＯＢは、東北や関東、関西の強豪大学に進学する場合もある。ここ10年は東北に進むＯＢが多く、仙台大、東北福祉大、富士大、東北学院大、八戸大、青森大、東日本国際大が主な進学先である。

それ以外では近年、東京六大学は10年ほど前の法政大が最後だが、東都では東洋大、中央大、日大、駒澤大、亜細亜大、國學院大、首都では桜美林大、二部で明星大、関西では同志社大、関西学院大といったところに進学している。

過去17年間の北海野球部ＯＢの進路をまとめたものをご紹介したい（すべて北から順）。

【過去17年間の進路】

〔国公立大〕北海道大２　小樽商科大１　北海道教育大旭川校３　室蘭工業大１
北海道教育大札幌校１　山形大１

〔道外私大〕仙台大10　東北学院大４　東北福祉大１　富士大８　青森大１
八戸学院大１　東日本国際大２　慶應義塾大１　立教大４　法政大２

中央大6　駒澤大2　東洋大6　国士舘大1　國學院大1　日本大2
成蹊大2　亜細亜大2　拓殖大1　城西大1　帝京大2　玉川大4
明治学院大1　日本体育大2　桜美林大3　成城大2　明星大2
創価大1　工学院大1　東京福祉大1　上武大2　作新学院大1
白鷗大1　神奈川大1　関東学院大4　城西国際大1　了徳寺大1
鈴鹿国際大1　朝日大1　関西大1　関西学院大1　同志社大4
立命館大1　大阪学院大1　京都産業大1　神戸学院大2
大阪体育大1　追手門学院大1　摂南大1　大阪電気通信大2
桃山学院大2　大阪保健医療大1　大阪経済法科大1　阪南大1
大阪大谷大3　京都美術工芸大1　奈良学園大2
関西外国語大学短期大1　環太平洋大3　広島経済大1
立命館アジア太平洋大2

〔道内私大〕

北海学園大140　北翔大24　札幌学院大17　札幌大9　北海商科大3
道都大5　札幌国際大2　東海大学札幌2　北海道薬科大1
北星学園大1　北海道工業大1　北海道情報大4　千歳科学技術大1

北海道医療大7　東京農業大オホーツク4　北海道文教大2

〔専門学校〕北海道ハイテクノロジー2　札幌商工会議所4　東京アカデミー4
大原法律公務員7　札幌歯科学院1　札幌医学技術福祉1
北海道リハビリテーション3　吉田学園情報ビジネス2
北海道柔道整復1

〔就　職〕自衛隊6（航空含む）石狩市役所2　東京消防庁1　神奈川県警2
胆振東部消防組合1　海上保安庁1
日立オートモティブシステムズ株式会社1　日本製鉄室蘭1
株式会社トッキュウ1

〔ＮＰＢ〕埼玉西武ライオンズ2　横浜ＤｅＮＡベイスターズ1
読売ジャイアンツ1　福岡ソフトバンクホークス1
（※この5名は、高卒でプロに進んだ選手たち）

これが、過去17年間のＯＢのすべての進路である。

毎年、進路相談は12～1月に2年生と面談して、3年生になる春休み明けまでには方向性を決める。そこで決まらない場合であっても、5月くらいまでには本人と話し合って決めるようにしている。

進路に関しては、ここに挙げた学校はもちろんのこと、それ以外にも立島部長と協力しながら今後も広げていきたいと考えている。北海が勝ち続けていくには、出口の選択肢を増やしていくことも重要なのである。

第5章

悲願の日本一を目指して

これからの北海、これからの高校野球

これからの高校野球を考える
――競技人口の減少を食い止めるには

近年、日本社会全体の問題でもある少子化に加え、野球とそれを取り巻く環境の変化などにより、野球競技人口も減少の一途を辿っている。実際、北海道も加盟校数、部員数ともに年々減少傾向にある。2023年に日本高野連が発表した調査によると、北海道は加盟校数203、部員数5328人で、部員数は前年に比べて192人の減少。これは沖縄の196人に次ぐ、全国2位の減少数だそうだ。ちなみに全国合計の部員数は、12万8357人で9年連続の減少、前年比は2902人減である。

北海道の現状をいえば、実力があって「甲子園に出たい」と思っている中学生は札幌か旭川の強豪校に集まる。近年は北海道を出て、本州の強豪校に進学する中学生も増えており、私の実感ではその流れは年々加速している。

少子化と野球競技人口の減少がこのまま続いていくと、高校野球界の二極化がどんどん進んでいくだろう。力のある選手は強豪校へと進み、そのほかの選手たちは一般校に行く流れが続けば、当然のことながら格差は広がる一方だ。これは、日本社会で近年叫ばれている「子どもの貧困と教育格差」の問題とまったく同じ状況だと私は捉えている。裕福な子はいくつもの塾に通いながらエリートコースを歩み、貧しい家庭の子はより厳しくなっていく。高校野球界も中間層的なチームが減り、これから先は「プロになるには強豪校に」と、有力選手が強豪校に行く流れがより顕著になっていくように思う。

また、近年進む「働き方改革」により、学校の部活動もその在り方が大きく変わろうとしている。以前までの部活動は「学校体育」だったが、これからは地域の各種競技団体やスポーツクラブなどがその活動を担う「社会体育」へと移行していく。これはとくに、全国の公立中学校でそのような流れとなっている。

私は古い人間なので「部活は学校体育が担っていくべき」という考えだ。本書でも述べたが、学校の教員が部活動の指導者であるのが理想だし、そうあるべきだと思う。しかし、私の考える理想的な部活動の在り方が、いま変革のときを迎えている。いずれ私も定年を迎える。その後の日本の教育界や高校野球界がどうなっていくのか、とても心配である。

野球人口の減少に少しでも歯止めをかけようと、コロナ前は北海道高野連主導で子どもたちを集めて野球教室のようなイベントを行っていた（札幌市内の高校が集まり、協力して行っていた）。

道内の野球競技人口の減少を、私たちは指をくわえて見ているだけではいけないと思う。しかし、道内の高校野球の現状を見ると、どの学校も、どの指導者も、自分の学校を維持するので精一杯だ。公立校以上に結果を求められる私学の指導者は、なおさらであろう。

私たちのような高校野球指導者が、ひとりで動こうとしてもやれることは限られている。そうではなくて、日本高野連や各都道府県の高野連が中心となって、さらにいえばＮＰＢ（日本野球機構）を頂点としたピラミッド型のしっかりした組織を作り、各市町村レベルで野球の普及活動に当たっていく必要があるのではないか。野球の競技人口の減少に歯止めをかけるのに、もはや猶予はない。

チームの中で生きる術を学ぶ
——高校野球は全員野球

スポーツには、チーム（団体）でするものと個人でするものの2種類がある。野球は当然団体競技であるが、近年の日本社会を見ていると、チームスポーツ自体が日本の国民性に合わなくなってきているように感じる。

ゴルフ、フィギュアスケート、テニス、卓球、バドミントン、柔道、ボクシング、陸上競技など、個人競技はたくさんあり、世界レベルで活躍している日本人アスリートも多い。

子どもたちの教育にしても、最近は「個を大事にする」「個を伸ばす」という指導法が主流である。社会に出てからも、組織に属するよりもフリーで活動したい、起業して自分のやりたいことをやっていきたいという考え方の若者が増えている。

かつては、家族という集団がいくつも合わさって地域コミュニティとなり、それが社会を構成する基盤となっていた。それがいまは、社会の基盤が集団ではなく、個が中心となっている。個を中心とした社会は人と人との関わり合いが薄く、コロナがその流れに拍車をかけた。

自分のやりたいこと、進みたい道に邁進していくのは、すばらしいことである。しかしながら「個」を尊重されて育ってきたからなのか、社会の中での「個」の在り方を履き違えて、身勝手な言動をする高校生が増えてきているのも事実だ。

うちの選手たちを見ていても、そういった傾向は強まっているように思う。だから最近、私はあまりにも身勝手な選手がいると「野球じゃなくて、個人競技をやったほうがいいんじゃないのか？」とよく言う。個人競技であれば、自分のやったこと、結果がすべて自分に返ってくる。だから「君がそのやり方、生き方を改めないのなら、個人競技をしたほうがいいよ」と言うのだ。

もし野球をやりたいのなら「チームが勝利するために自分はどうしたらいいか」を第一に考えないとその選手の実力は伸びないし、当然チームとしてもいい結果を出すことはできないだろう。わがままなやり方を通していたらその選手だけではなく、チームにも悪影響を及ぼす。私は監督として、それだけは阻止しなければならない。

野球には「犠打」という言葉がある。チームのために、自分の打席を犠牲にしてランナーを先の塁に進める。自分はフルスイングで思いっきり打ちたくても、ランナーを進めるためにバントをしたり、逆方向へのバッティングをしたりする。このような「自分を犠牲にしてチームの勝利に貢献する」ことは、団体競技の根幹を成す基本精神である。ラグビーの「One for all. All for one」(ひとりはみんなのために。みんなはひとつの目的のために)という考え方は、組織をいい方向へと導いていくためになくてはならない精神なのだ。

「俺が、俺が」ではなく、ときに自分の気持ちを抑えて「自分には何が求められているのか?」を考え、チームの勝利のためになすべきことをする。自分勝手な選手がこういった自己犠牲の精神を身につけるには、グラウンドだけでなく普段の生活から自分の在り方を見直し、その言動を改めていくことが大切であろう。

私は、それぞれの選手が自分の役割を認識し、組織としてしっかり機能しているチームを作りたい。私が目指すのは、高校野球においては普遍の「全員野球」である。チームの中で自分の生きる道を見つけ、野球から生きる術を学ぶ。高校野球で身につけた精神は、社会に出たときにきっと役に立つはずだと信じている。

低反発バットの導入で高校野球はどう変わっていくのか

2023年秋、私たちは全道大会を制して、全国大会である「明治神宮大会」に出場した。初戦で作新学院と当たり、延長10回タイブレークの末に1－2で敗れた。夏の甲子園に出場（ベンチ入り含む）した6人の2年生を打順1～6番に並べたが、作新の小川哲平投手に散発3安打に抑え込まれてしまった。

この作新学院戦で、私たちはひと足早く低反発バットを用いて戦った。北海道の冬は長く、翌春のセンバツまでの間、屋外で低反発バットを使える機会は限られる。だから不利は承知の上で、明治神宮大会での使用を決めたのである。

2024年夏の大会を目前に控え、いまのうちの打線にはホームランを期待できるバッターはいない。でも、だからこそ低反発バットの導入は、うちにとってはチャンスだと思っている。長打が期待できなくても、低反発バットならうちのようなチームでも十分に戦っていける。

うちにチャンスがあるということは、打線にそれほど自信のないチームにもチャンスがあるということだ。だから今年の夏は、私たちも公立校などを相手にして苦戦することもきっと増えるだろうと覚悟している。

明治神宮大会で作新学院に敗れはしたものの「戦い方次第では全国レベルの学校と十分に渡り合える」という手応えを私は得た。うちの選手たちに低反発バットに慣れてもらいながら「勝つためにどうするのか」「負けないためにどうするのか」を夏の大会までの間に再点検して、北海の戦い方を構築していきたい。

以前から、練習試合でたまに木製バットを使うことはあった。全選手に木製バットを使わせて試合をするのだが、私が一番感じたのは「ノーアウト・ランナー一塁で送りバントをしてもなかなか点が入らない」という事実である。

木製バットの場合、1アウトでランナーをスコアリングポジションである二塁に進塁させても、次の1本、タイムリーが出ない。金属バットならば打ち損じでもヒットになったりして得点できるのだが、木製バットだとそんなラッキーな当たりは期待できない。

低反発バットの使用感は、木製バットに近い。だから「1アウト・ランナー三塁」の状況をいかに作るかが勝利へのカギだと思う。セオリー通りの送りバントでは、なかなか得点できない。得点するためには、足を絡めた機動力を用いるのも有効になってくるだろう。

日本の野球は「スモールベースボール」だと昔から言われている。低反発バットの導入で、高校野球も原点である「スモールベースボール」に戻っていくような気がする。また「低反発バットは飛ばない」と言われているが、その解釈はちょっと違うと思う。低反発バットも、芯に当たれば飛ぶのだ。ただし、芯のポイントが従来の金属バットに比べて格段に狭くなったため、芯で捉えられる確率が下がり、その結果「飛ばない」と言われるようになっている。

高校生は、大人に比べて順応性が高い。だから私は、この低反発バットにも選手たちは徐々に慣れていくと思っている。この夏の大会でもホームラン数は春より増えるだろうし、来年になればもっと長打は増えていくはずだ。高校生の技術レベルが上がれば、その力はさらに上のレベルである大学野球や社会人野球、プロ野球でも生かされることになるだろう。

今後は全国各地で大番狂わせが起こる

低反発バットの導入により、バッターの技術が上がっていく一方で、私にはひとつの懸念がある。それは、2005年から金属バットが禁止され、木製バットとなった韓国の高校野球の導入直後の変化を知ったからである。

韓国では木製バットとなり、一時的に打者全体のレベルが下がった。すると、ピッチャーはそれほど実力がなくてもバッターを抑えられるようになった。いまでこそバッターのレベルも上がり、ピッチャーも必然的にレベルアップしているそうだが、導入直後は結果として、ピッチャーたちのレベルが下がってしまったというのだ。だから日本の高校野球も、ここ2~3年は何かしらの変化が出てきてもおかしくはない。

高校球児が低反発バットに完全に順応するのには、もうしばらく時間が必要だろう。それまでの間は、ピッチャーを中心とした守備力重視のチームが有利になってくるのは言うまでもない。

今後は、しっかりしたピッチャー（エース）がいて、守備を鍛えているチームならば、公立校でも大会を勝ち上がるチャンスが出てくる。今年（２０２４年）の夏、もしかすると全国的に番狂わせがかなり増えるかもしれない。とくに、公立の進学校が結果を残す可能性がある。

なぜ、公立進学校に可能性があると私が考えるのか？

それは、進学校の選手は「勉強をがんばってやり遂げる力＝考える力と根性」があるからだ。しかも、第一志望の公立進学校に受かった選手は、勉強だけでなく体育の成績もいい。

進学校の選手たちは集中して物事に取り組み、それをやり続ける力があるからこそ成績も上がり、進学校に入学することができたのだ。この「やり続ける力」と「考える力」は野球にも欠かせないものだ。勝負強さを持っている彼らが、夏の大会の重要な局面ですさまじい集中力、執念を見せて大ピンチをしのいだとしても私は驚かない。

守備力重視、あるいは守り勝つ野球を持ち味にしている学校であれば、私はどんなチームでも勝つチャンスがあると思っている。5回まで接戦で1点ビハインドだったとしても、粘って戦っていれば終盤に絶対チャンスが巡ってくる。最少失点の接戦で9回をしのぎ、延長タイブレークに持ち込めば、相手が超強豪校だったとしてもどちらが勝つかは誰にもわからない。

夏の支部予選、そして南北海道大会では、どのチームも「打倒・北海」で私たちに向かってくる。毎年、一戦たりとも気が抜けないのだが、今後しばらくはさらに厳しい戦いが続いていくだろう。

うちとしては「無駄なフォアボールを出さない」「無駄なミスをしない」という基本を徹底していくしかないと考えている。その上で確率の高い選択をして、まず先制点を取る。ビッグイニングはなかなか作れないと思うので、KOパンチを狙うのではなく、ジャブをヒットさせてポイントを稼ぎながら、相手にダメージを蓄積させていく。そんな戦い方をしていけば、3季続の甲子園出場も成し遂げられるはずだ。

暑さへの対応は鍛えるしかない

近年の夏の異常ともいえる暑さのせいで、全国各地の夏の大会で足をつったり、熱中症になったりする選手が続出している。その暑さ対策として、2023年の夏の甲子園では、5回終了時に「クーリングタイム」が導入された。

日本高野連はさらなる暑さ対策として、2024年の夏の甲子園において、開幕から3日間に限って試合を午前と夕方に分けて行う「2部制」を実験的に導入するという。

北海道も近年は、本州とほとんど変わらない暑さの日があったりする。それでも湿度などが低いぶん、北海道の夏は本州よりはるかに過ごしやすいと思う。ちなみに南北海道大会では、ベンチに扇風機が設置されている。準決勝からは北海道日本ハムファイターズの本拠地であるエスコンフィールドＨＯＫＫＡＩＤＯが使えるので、暑さを気にせず戦うことができる。

2023年の夏、私たちは甲子園出場を果たしたが、関西の暑さはそれほど気にならなかった。あの炎天下の中で、丸1日試合をするとしたら、それはさすがに厳しい。でも1試合、せいぜい長くても3時間くらいなら、普段から鍛えている球児なら戦い抜けるはずだ。

甲子園で私たちは、3回戦まで進むことができた。宿舎では、就寝前に必ずアイシングすることを選手に義務づけた。大浴場に水風呂があったのでそこに入るか、もしくはシャワーで冷水を浴びてから寝るようにさせたのだ。選手たちにしっかり睡眠を取ってもらうことが狙いだったが、甲子園で特別に行った暑さ対策といえばそのくらいである。

2023年の夏は、南北海道大会でも甲子園でも、熱中症になるのはもちろん、足をつる選手は北海にはひとりもいなかった。うちでは普段の練習から、ランメニューをしっかり行っている（夏前は短距離中心）。「練習中は暑いから」という理由だけで、ランメニューを省いてしまうのは、逆に試合で選手たちがバテてしまう要因になる。暑くても選手たちの体調を見ながら、いかにバランスよくランメニューを練習に組み込んでいくかが肝心なのだ。

運動能力に関して、小学生は神経系が、中学生は持久力が伸びる時期だとされている。高校生は瞬発力も合わせて、筋力が著しく伸びる時期である。高校の3年間ほど、体を有効に鍛えられる期間はない。この3年間でいかに体を鍛え抜くか。その後、上のレベルに行って野球をする選手もたくさんいると思うが、高校での鍛錬が上のレベルで花を咲かせる土台となる。

うちでは夏の水分補給に関しては、基本的に選手たちに任せている。飲みたいときに飲みなさいというスタンスだが、喉が渇いてから飲んでも遅いので「喉が渇いていなくても小まめに水分補給をするように」と指示を出している。

悲願の日本一を目指して
――これからの北海が目指す野球

2016年夏の甲子園で私たちは準優勝となったが、あのときは無我夢中で戦い、気がついたら決勝まで行っていたという感じだった。普段、選手たちに「甲子園優勝」とか「日本一を目指す」とたまに言うことはあったが、本気で日本一を狙っていたかといえば、そこには疑問符がつく。あのときは「まずは夏の甲子園で1勝」が大きな目標でもあっただけに、初戦を突破した後はその勢いと流れで戦っていたような気がする。

いま改めて思うのは、日本一を目指すのであれば、常に本気で狙っていかないと絶対に頂点は取れないということである。だから、まずは私が高い志を持って「勝負至上主義」でチーム作りをしていかなければならない。

第1章でもお話ししたが、2024年センバツの初戦で、私たちは大阪桐蔭と対戦して敗れた。大阪桐蔭のような超強豪校と戦う場合、試合の中で何度か訪れる「勝負所」を選手たちがしっかり感じ取って、どうしたらいいのかを瞬時に考え、状況に応じた動きをしていかなければ接戦には持ち込めない。

超強豪校に勝つには、拮抗した戦いを続け、終盤勝負に持ち込まない限り私たちに勝機はない。甲子園で頂点を目指すのであれば、そういった極度の緊張感を強いられる局面を戦い抜く精神力も求められる。厳しい練習の日々だったひと冬を乗り越え、それでも春のセンバツでは1回戦で大阪桐蔭に負けて、3年生たちは悔しさだけでは語れない、いろんな思いを抱えているはずだ。最後の夏を迎える3年生たちが、どれだけの覚悟を持って夏の大会に挑んでくれるのか。私はいつも通り、3年生たちが少しでもいい成績で高校野球生活を終われるよう、全力でサポートしていくだけである。

春のセンバツ、夏の甲子園、明治神宮大会。日本一を狙える全国大会は国体以外にこの3大会があるが、まずはそのいずれかでてっぺんを取りたい（国体では1960年と1994年の2度、北海は優勝している）。

ここまで何度も述べてきた通り、日本一という頂は狙わないと辿り着けない。もちろんその覚悟は私だけでなく、選手たちにも同じように持ってもらわなければならないのだが、そこが難しいところでもある。

春も夏も甲子園で決勝まで行ったことがあり、全国最多の夏の甲子園出場記録を持っている北海は、日本一を目指すのに実績としては申し分ないだろう。あとは、いかに貪欲に「勝負至上主義」で優勝を狙っていくか。そこだけだと思う。

センバツで敗れた大阪桐蔭と比べても、優勝を果たした健大高崎と比べても、私たちは劣っているところがまだまだたくさんある。しかし、どんなに劣勢にあったとしても、戦い方次第で勝機を見出すことはできる。優劣をひっくり返すこともできる。

絶対的な力を持っていない私たちが、ただ黙ってプレーしているだけでは、決して日本一は取れない。しかし、私たちでも日本一になる方法は、いくらでもあるはずだ。頂上を極めるルートは、ひとつではない。どんなにきつくても、私は山岳ガイドとして選手たちを頂上に導かなければならない使命がある。

2023年秋、全道大会優勝の立役者となってくれた1年生右腕の松田収司は、センバツ中に肘を故障したため春の大会では登板していない。この冬は体力強化に努めてきて、体つきはずいぶんたくましくなった。いまは夏の大会に向けて調整しているところだが、冬のトレーニングの成果が夏にどう表れるか非常に楽しみでもある。

また、春季大会では新戦力として、1年生ピッチャー3人をベンチ入りさせた。投手陣の底上げが、いまの私たちの緊急課題でもある。2年生の松田に頼ることなく、3年生ピッチャーの奮起にも期待したいところだ。

2023年の夏は、4〜5人の2年生がスタメンに名を連ねていた。彼らが脇を固め、3年生を盛り立ててくれたからこそ、私たちは南北海道大会を制して、甲子園でも3回戦まで進出することができた。

しかし、その2年生たちが3年生となり、センバツでは柱となってやってくれるかと思いきや、彼らは柱になりきれず、大阪桐蔭に大敗して終わった。

3年生たちには「お前らが主役になってくれなければ、夏は勝てない」とずっと言い続けている。ピッチャーも野手も、3年生が「俺たちがやるんだ」と自覚を持ってくれれば、北海にとってきっといい夏になるはずである。

サイン盗みは絶対にしない

日本高野連の審判規則委員会から、1998年に「サインを伝える行為の禁止」が通達されたのにも関わらず、罰則規定がないからかいまだに「どこそこのチームはサイン盗みをしている」というような噂話をよく耳にする。

キャッチャーのサインや構えを見て、ランナーやコーチャーが球種やコースをバッターに伝えるサイン盗みは、高校野球だけでなくプロ野球でも禁止されている。しかし、かつてサイン盗みは「当たり前の戦術」だったため、禁止されて20年以上経つ現在でもなかなか一掃される気配がない。

しかし、いくら昔は当たり前だったからといって、いまやっていいという理屈にはならない。ましてや日本高野連によって禁止のお達しも出ているのだから、教育の一環として存在する高校野球がそのルールに従うのは当然のことであろう。

とはいえ、この私もサイン盗みが当たり前の時代に生きてきた人間である。いまの北海がサイン盗みをすることは絶対にないが、ほかの学校でサイン盗みをしているところがあったとしても私は驚かないし、目くじらを立てることもない。

私はうちの選手たちには「ルールで禁止されているのだから、サイン盗みは絶対にするな」と言うのと同時に「でも、相手がやっていたとしてもそれは文句を言うな」とも言っている。

相手がサイン盗みをしているからといって「サイン盗みだ！」とすごい剣幕で怒っても、こちらが平常心を失ってしまったらそれこそ相手の思うつぼである。だから、私はどんなチームが相手だとしても、サイン盗みをしているものだと思って戦っている。繰り返すが、北海がサイン盗みをすることは絶対にない。だが、私たちは「サイン盗みをされるのは当たり前」だと思って試合をし、冷静に対応していくことが大事だと思っている。もちろん、選手たちにもそれは常に伝えている。

バッテリーには、二塁にランナーが行ったら「サインには気をつけろ」といつも指導している。また、異変を感じたら、すぐにサインを変えることも徹底している。「サイン盗みをされるのは当たり前」だと思い、常にその備えを用意しておくことが重要だと私は考えているからだ。サイン盗みに対応できずに、相手のいいようにやられてしまうことだけは避けなければならない。

試合中に、相手のランナーやコーチャーが怪しい動きをしたり、言葉を発していたりしたら、私は伝令を出して球審にそのことを伝える。その後の球審の対応は様々だが（相手ベンチに「紛らわしい行為はしないように」と言ってくれる球審もいれば、証拠がないからとその場では何の対応もしない球審もいる）、仮に何の対応もしてくれなかったとしても「こっちは気づいているんだぞ」と相手に知らせることに意味があると私は考えている。また、球審や塁審も「サイン盗みをしているかもしれない」と思ってその後は見てくれるようにもなるだろう。

一番怖いのは、サイン盗みをしていないのに、相手から指摘されたときである。一度このようなケチがつくと、そこから噂が広がり「あそこはサイン盗みをしている」

と思われてしまう。だから私も、相手チームのサイン盗みを球審に指摘する場合は、本当に確証が持てたときだけ言うようにしている。

試合中に球審を通じて相手に指摘して、それでサイン盗みをやめてくれればいいし、やめずに続けていたとしても、こちらはいつも通り冷静に対処していけばいいだけの話である。相手のサイン盗みを逆手に取り、うちがどう優位に試合を進めていくか。そんな化かし合いも、野球のひとつの醍醐味なのだ。

引き際を考える
——全国制覇と後進育成

2024年9月で私は北海の監督となって丸27年を迎える。いま私は53歳なので、人生の半分以上を北海の監督として過ごしたことになる。

近年はコンスタントに甲子園出場を果たしているため、周囲の人たちから「長く監督を続けてください」とありがたい言葉をいただくこともある。でも、私自身は定年まで監督を続ける気はあまりない。

この約27年間、一年一年が勝負だと思ってずっとやってきた。生活のすべてを捧げ、北海野球部に尽くしてきた。昔は5時間、6時間とノックを打ち続けることもあったが、50歳を過ぎたいまは正直それも難しい。私の心身は限界を迎えつつある。

私は、選手たちとともにグラウンドで汗を流すのが監督だと思っている。試合で指揮を執るだけではなく、普段の練習で選手たちと密に接し、彼らの「心技体」を磨くためのサポートをする。頭も体も使って選手たちを指導していくのが私のスタイルなので、それができなくなったら潔く身を引くつもりだ。

第4章でご紹介した部長の立島は私の教え子であり、私の野球の一番の理解者でもある。彼は東洋大を卒業後、2013年に本校にやってきて野球部のコーチとなった。以来、私と一緒にチーム作りに行い、2017年に部長に就任した。

気づけば、立島も2024年で34歳である。私が監督に就任したのは27歳のときだったが、チーム作りにはある程度の歳月が必要だし、体力も要するので監督に就任するのはできるだけ早いほうがいい。私の大きな目標であった駒大苫小牧の元監督・香田は25歳で指揮官となり、その5年後に自身初の甲子園出場を果たした。香田監督だから5年で甲子園に行けたが、普通はゼロからチーム作りを始めたら、甲子園に辿り着くまでに10年はかかるだろう。私が定年まで監督を続けたら、立島は40歳を過ぎてしまう。だから彼には、できるだけ早く監督を引き継がなければいけないという思いがあるのだ。

最終的な人事は学校が決めることなので、次期監督がどうなるかは私にもわからない。でも、もし立島に監督を引き継げたとしたら、彼には周囲の声に惑わされることなく、自分の考える野球を貫いてほしい。「北海の野球はこうだから」とか「平川監督はこうしていたから」などと余計なことは一切考えず、自分の道を突き進んでもらいたい。監督は結果でしか評価されない。そして、すべての責任は監督にある。だからこそ、立島には自分の思うようにチーム作りをしてほしいのだ。

「監督を引き継がなければ」という思いがある一方で「全国制覇」という目標は、ずっと私の胸の中にある。いまは「人生100年時代」などと言われたりすることもあるが、健康的に何の問題もなく動けて、生活できるのは60代までだと思う。そう考えると、私の残された人生もそんなに長くはない。いままで人生の大半を野球に捧げてきたぶん、今後の人生は体が動くうちに好きなこと、やりたいことをして過ごしたい。もちろん、いままでさんざん迷惑をかけてきた妻への恩返しもしていくつもりである。

先人から学び、そこから自分のオリジナルを構築する

何の実績もない私が北海の監督に就任したのは、27歳のときだった。「実績のない自分が監督としてやっていくには、勉強するしかない」と、就任してから何年かの間はシーズンオフになると様々な講習会や勉強会に積極的に参加した。

名将と呼ばれる監督さんの講習会に参加したり、大西監督の紹介で話を伺いに出向いたり、時間が許せば道外にも飛び出していった。

大西監督の紹介で最初に話を伺いに行ったのは、広島商の野球の礎を築いた畠山圭司先生（元・広島高野連会長）である。その後、福岡ソフトバンクホークスの和田毅投手を育てた浜田の新田均先生、宇和島東と済美で監督を務められた上甲正典先生、高知商の谷脇一夫先生、観音寺中央で全国制覇を成し遂げた橋野純先生、武相の古賀正先生など、大先輩たちの教えを受けた。

広陵の中井哲之監督、慶應義塾の上田誠前監督にもお話を伺いに行ったほか、U－18日本代表のつながりで報徳学園の永田裕治前監督、八戸学院光星の仲井宗基監督、作新学院の小針崇宏監督にも、とても参考になる話をいくつも聞かせていただいた。

私の監督としての基本的な考え方は、恩師である大西監督に教えられたものがベースとなっている。先述した広島商の畠山先生も「指導者は教育者であるべき」とおっしゃっていた。また、畠山先生は「野球は頭で考えてやるもの」というインサイドベースボールの考え方を私に教えてくれた。体力、技術だけでなく、相手の情報を集めて戦術、戦略を駆使して勝利を目指す。畠山先生からいただいた至言が、新米監督だった私の基礎をより強固なものにしてくれたのである。

畠山先生は「私のところに来たからには、何かひとつでいいから、ためになった、勉強になったというものを学んで帰りなさい。そして、それを自分の指導で実践していきなさい」と私に言った。

指導者となってから、数えきれないほどの講習会、研修会、勉強会に参加してきた。その中には非常にためになったものもあれば、正直「ん？」と思うようなものもあった。しかし、それでも私が飽きもせず、そういった会合に参加し続けたのは畠山先生の教えがあったからにほかならない。

小樽地区の強豪である北照の上林弘樹監督は、長くコーチを務めた後、２０１７年から監督となった。彼が監督に就任して以降、うちは北照と何度も戦っているが、彼はライバル校であることなどお構いなしに「平川先生、ちょっと伺いたいことがあるんですが」「この間の試合でやってきたあの采配は、どうやって防げばいいんですか？」などと頻繁に私のところに連絡をしてくる。上林監督は私より8歳年下だが、彼の貪欲に学んでいこうとする姿勢を見ていると、私はかつての自分を思い出す。そして「指導者たるもの、これが普通だよな」とも思う。

勝利を目指すのであれば、あるいは選手たちのことを思うのであれば、若い指導者は恥も外聞もなく、先人から「勝つための知恵」を貪欲に吸収していくべきである。そして自分で試してみて、必要なものと不要なもの、良いものと悪いものの取捨選択をしていきながら「自分のオリジナル」を築いていけばいいのだ。

前・智辯和歌山監督である髙嶋仁さんから、こんな話を聞いたことがある。

２０００年代前半、甲子園で優勝するなどして有名になった髙嶋監督のもとには、全国各地からひっきりなしにたくさんの指導者が練習の見学に訪れていたという。見学をしながら、指導者たちはいろんなことを髙嶋監督に質問してくる。最初のうちは髙嶋監督も「これは言いたくないな」「これはあまり表に出したくないな」と思うことは答えていなかったのだが、途中から練習も隠し立てすることなく全部見せて、質問にもすべて正直に答えるようになったそうだ。

なぜ、髙嶋監督は隠すことなく、すべてを明らかにしたのか?

髙嶋監督は、その真意をこう説明してくれた。

「所詮外から来て、うちの練習を見て、聞いて、それを持ち帰って自分のチームでやったとしても、絶対に智辯和歌山のようにはならないし、そんなことはできっこない。うち以上にはならないのだから、何を見せても、教えてもいいじゃないか。そう思えるようになったんです」

と。私は髙嶋監督の話を伺い「先人の知恵はあくまでも参考であって、それをもとに自分なりのオリジナリティを加えて肉づけしていかないと、自分のものにはならない。本物にはならないのだ」と気づかされた。

私が監督に就任したばかりの頃も「大西監督に教えられた通りのことをやっていけば形になる」と思っていた。しかし長く勝てない時代が続き、いろんな先人の知恵を伺っていくうちに「大西監督と同じことをしていても、それは自分の指導ではないからチームは強くならない。自分なりの色を加えて、自分の指導、采配にしていかないと結果は出ない」と理解することができた。

いまの北海のオリジナルは、とても単純だが「カバーすること」「一生懸命やること」である。長く指導者を続けてきて、試行錯誤をしながらいろんな道を歩んできた。遠回りをしたことも、一度や二度ではないと思う。でも、そのすべてがいまの私の血となり肉となり、オリジナルの指導として結実している。そんな中でシンプルに導き出されたオリジナルが「カバーすること」「一生懸命やること」なのだ。

「勝負至上主義」で生きていく
――自分のためにがんばる、チームのためにがんばる

「辞めたい」とばかり考えていた監督1年目……。あの頃の私はその日を生きるのに精一杯で、まさかその後27年間も監督を続けることになるとは夢にも思っていなか

った。

監督をした期間が、4半世紀を越えたことで「すごいですね」と周囲の人から言っていただくこともたまにある。しかし、私がここまで監督を続けてくることができたのは、ただ単に辞める勇気がなかったからに過ぎない。

監督1年目、そしてその後のなかなか勝てなかった9年間、辞めたいと思ったことは何度もあった。でもそのたびに「辞めてどうするの?」と、もうひとりの自分が冷めた声で問いかけてきた。家族を路頭に迷わせるわけにもいかない。選手たちには「我慢しろ」「やり通せ」といつも言っている手前、自分が途中で投げ出すわけにもいかない。だから私には、我慢して監督を続けるしか選択肢がなかったのだ。

27年間、人生のほとんどを高校野球に捧げてきたが、私には「野球がすべて」という思いはあまりない。世の中には「自分から高校野球を取ったら何も残らない」という監督さんもいる。でも、私にはそういう生き方はできなかった。私の性格上、そこまで入り込むと完全に自分を見失っていただろう。もし私が「野球がすべて」という考え方で生きていたら、きっと27年間も高校野球の監督を務めることはできなかったと思う。

先ほども述べたが、いまの日本社会はチーム、グループ、コミュニティといった集団より、個を重要視する考え方に変わってきている。「人のため」とか「誰それのため」というのではなく「自分のため」だけに生きるのが優先される社会に、私は大きな違和感を覚える。現代社会はこのように個を重要視しつつ、競争をできる限り避けて平等でいようとする風潮も強まっている。「差があるのは当たり前。その差をどうやって埋めて相手に勝つか」を考えるのが高校野球なのに、社会全体がそういった考え方ではなくなってきているように感じる。

国が行っている働き方改革によって、労働時間にも厳しい規制が設けられるようになってきた。でも、中には「もっと働きたい」と思っている人もいるはずである。それなのに、一律に上限を設けて規制するやり方にも私は納得ができない。

私は選手たちに「自分のためにがんばることがチームのためになる。また、チームのためにがんばることが自分のためにもなる」といつも話している。いまの時代には逆行する考え方かもしれないが、チームスポーツの原点はここにある。だからこそ、私は選手たちにこの考え方をこれからも伝え続けていかなければならないと思っている。

北海道の冬は長い。選手たちにとって、長い冬を屋内でしか過ごせないのは辛いことかもしれない。私は選手たちを飽きさせないよう、いろいろなメニューを考案しているが、やっていることは単調なことの繰り返しである。

私は「単純、単調、簡単な練習こそもっとも大切」という考え方で、いままで監督を続けてきた。グラウンドで難しいプレー、派手なプレーができるのは、基本がしっかり身についているからだ。基本があるからこそ、応用も利く。うちの選手たちはそれを理解しているので、長い冬の単調な練習も「自分のため」「チームのため」にがんばって続けてくれている。

「昭和と令和とでは時代が違う」と言われてしまえばそれまでだが、私が生きてきた時代の環境、価値観といまの時代はだいぶズレが生じているように思う。もちろん、私は高校野球の指導者として、自分の指導スタイルをいまの時代に合わせて変えていかなければならないことも承知している。時代に合わせられないのなら、指導者を辞めるべきだという考えもある。

いまは「がんばれ」と言ったら、それがハラスメントになってしまう時代である。でも、私は「がんばれ」がなぜいけないのか、はなはだ疑問だ。がんばって成果を出したなら、その見返りを与えられるのが経済社会ではないのか。成果が出なかったなら、またがんばってチャレンジしていけばいい。

がんばらなければ、結果はついてこない。でも、がんばっても結果が出ないこともある。私の人生はその繰り返しだった。それをずっと続けていくことが人生なのだと思って、いままで私はがんばってきた。人生は楽しいことより辛いことのほうが多い。なのに、いまの世の中は「がんばらなくていいよ」「辛かったら休みなさい」と言う。そのような風潮は、どこかおかしくないだろうか。

私は、野球が大好きでここまでやってきた。高校野球に関わっている自分も好きだし、高校野球に携わって生きてこられたことに感謝もしている。

野球は「勝つことを目的とする」スポーツである。勝つために、私たちは辛くてもがんばっていかなければならない。でも手段を選ばず、ただ勝てばいいというわけではもちろんない。私は「勝利至上主義」ではなく「勝負至上主義」なのだ。

野球も勝負だし、人生も勝負だ。勝負して勝てればいいが、負けることだってある。しかし、一番大切なのは「負けて何を学ぶか」だ。負けて成長し、またがんばって勝負する。人生は勝負の連続である。だから私は「勝負至上主義者」として、これからも勝つためにがんばって努力を続けていこうと思う。

おわりに

本書を記すにあたり、自分の野球人生を振り返ってみて、野球を通じていろんなことを学び、いろんな人に出会えたことを再認識した。野球と出会い「野球がうまくなるにはどうしたらいいのか?」「勝つためには何をしなければならないのか?」を考えるようになり、野球以外のところにも目を向けることができるようになった。野球がうまくなるには、人として成長しなければならないことも知った。自分の人生において、野球を通じて得たもの、知ったもの、経験したものすべてが、いまでは貴重な財産である。

指導者となって丸27年。気づけば、人生の半分以上を高校野球の指導者として過ごしてきた。こうしていまの私があるのは、野球のおかげである。教員としてだけでなく、高校野球監督を生業としてやってこられたことにも感謝している。

本書でも述べたが、家庭を省みずに指導者人生を邁進してきたため、妻の陽子には本当に迷惑をかけてきたと思う。妻がいなければ、うちの家庭は成り立たなかった。妻がいたからこそ、私は長く指導者を続けてくることができた。照れくさいこともあって、普段はあまり面と向かって感謝の気持ちを述べることはないのだが、この場を借りて妻には「ありがとう」と言いたい。

大学時代、私は体育会の野球部に所属することはなく、母校でコーチをしながら普通の学生として4年間を過ごした。学校生活をしながらバイトなどもして、そこで得た友人、先輩、後輩といった人間関係からもいろんなことを学ぶことができた。

一般就職してサラリーマンを2年半続けたが、その間にも得るもの、学ぶものがたくさんあった。野球の占める割合は大きいが、私の人生には野球以外にもたくさんのことが影響を及ぼしている。私の人生で関わりのあったすべての方たちにも、ここで感謝の気持ちを申し述べさせていただきたい。

いま、北海で一緒に野球をやっている選手たちはもちろん、全国の球児のみなさんにも最後にお伝えしたいことがある。

野球だけでなく、学校での生活、社会との関係性も大切にして、いろんな人たちと接し、たくさんのことを学び、世界は広いということを知ってほしい。それがきっと、今後を生きる人生の糧となるだろう。

本書を制作中の5月、私たちは春の北海道大会で優勝することができた。これで北海は2023年春から4季連続優勝となり、駒大苫小牧が2005年夏から2006年夏にかけて記録した4季連続優勝と並んだ。

いま、私は6月23日から始まる夏の大会・支部予選に向けてチームに最後の追い込みをかけているところだ。

本書が出る頃には、支部予選を勝ち上がってきたチームが集う本大会（南北海道大会）が始まる。前人未到の5季連続優勝を成し遂げれば、私たちは駒大苫小牧が持つ道内公式戦最多連勝記録の「32」も超える。ここまできたら、何としても5季連続優勝と最多連勝記録「33」を成し遂げたい。春の優勝はもちろん誇るべきことではあるが、私たちの目標は夏の甲子園出場と全国制覇である。その目標を達成することが、いままで私がお世話になってきた多くの方々への恩返しになると信じて、この夏も選手たちとともに全力で駆け抜けるつもりだ。

２０２４年6月　　北海高校野球部監督　平川敦

北の名門・北海が掲げる
勝負至上主義

2024年7月19日　初版第一刷発行

著　　　者／平川敦

発　　　行／株式会社竹書房
〒102-0075 東京都千代田区三番町8-1
三番町東急ビル6F
email : info@takeshobo.co.jp
URL　https://www.takeshobo.co.jp
印　刷　所／共同印刷株式会社

カバー・本文デザイン／轡田昭彦＋坪井朋子
カバー写真／アフロ（日刊スポーツ）
取 材 協 力／北海野球部
編集・構成／萩原晴一郎

編　集　人／鈴木誠